Susanne Giljum

Mrs. Perfect sucht Mr. Right

Chancen und Tücken der Partnersuche im Online-Dschungel

myMorawa von Morawa Lesezirkel GmbH

Die Perfektionistin Sabrina führt das Leben einer typischen Karrierefrau. Eine 60-Stunden Woche, ein praller Terminkalender und anstrengende Dienstreisen füllen ihr Leben zumindest zeitlich aus. Mit 49 Jahren entscheidet sie sich, dem privaten Glück auf die Sprünge zu helfen. Auf Single- und Partnerbörsen sucht sie nach Mr. Right, ihrem Traumpartner. Ein, wie sie meinte, simples Unterfangen wird zu einer regelrechten Odyssee, die kein Ende zu haben scheint.
Begegnungen mit sehr unterschiedlichen Männern verändern allmählich ihre Vorstellungen. Skurrile Vorfälle, bei denen einfach gar nichts perfekt ist, halten sie über viele Monate auf Trab. Und mitunter übernimmt sie dabei auch gleich selbst die humorvolle Hauptrolle.
Ein Lichtblick unter all den Männern ist Lukas. Er sitzt im selben Boot und entpuppt sich rasch als humorvoller Sparringspartner, der sie bei ihrer Partnersuche im Online-Dschungel virtuell begleitet.
Auf der Suche nach Mr. Right findet Sabrina immer mehr zu sich selbst und trifft schließlich auf Tom.

Susanne Giljum

Mrs. Perfect sucht Mr. Right

Chancen und Tücken der Partnersuche im Online-Dschungel

myMorawa von Morawa Lesezirkel GmbH

Autorin: Susanne Giljum

Umschlaggestaltung: bibagrafik, Birgit Klug

Verlag: myMorawa von Morawa Lesezirkel GmbH

ISBN: 978-3-99057-388-4 (Paperback)
ISBN: 978-3-99057-389-1 (Hardcover)
ISBN: 978-3-99057-390-7 (e-Book)

Printed in Austria

Handlung und Personen sind frei erfunden. Ähnlichkeiten mit tatsächlich existierenden Personen wären Zufall.

Bedanken möchte ich mich bei allen meinen Freundinnen, die mir wertvolle Inspirationen gegeben haben.

Inhaltsverzeichnis

Vorwort

Wie kommt eine Kinesiologin und Mentaltrainerin, wie ich, dazu, ein Buch über Online-Dating zu schreiben?

Erstens, weil ich es liebe, zu schreiben und Menschen zum Lachen zu bringen. Zweitens, um auch andere zu ermutigen, ihre ureigene Lebensspur zu finden und ihr Ding zu machen.

Ich wollte schon seit langer Zeit Bücher schreiben. Nachdem ich bereits seit einigen Jahren meinen Traumberuf ausübe, realisiere ich jetzt meinen nächsten Traum. Und ich möchte mich dabei nicht in eine bestimmte Schublade stecken lassen. In meinem Kopf lauern schon die nächsten Bücher zu den unterschiedlichsten Themen. Zu diesem hat es mich als erstes hingezogen, weil ich meinen Humor hier so wunderbar einbringen konnte.

Ich denke, dass Menschen oft nur einen ganz kleinen Teil ihres Potenzials leben, obwohl sie so vielfältige Facetten und Begabungen haben. Und bis zu meinem 51. Lebensjahr war das bei mir auch nicht anders. Viele zögern, weil ihr Perfektionismus sie davon abhält, ihr Ding zu machen und lassen es dann lieber gleich ganz sein. Dabei gibt es im "Nicht-perfekt-Sein" so viel Wunderbares zu entdecken.

Kinesiologie und Mentaltraining waren für mich der Weg, zu einem erfüllten Leben, in dem es keine Grenzen gibt, um Lebensträume zu realisieren. Es erfüllt mich mit Zufriedenheit und Dankbarkeit, heute andere dabei zu unterstützen, dort hin zu kommen.

Ich genieße es, Menschen zu inspirieren, damit sie ihre Komfortzone verlassen, weil das Leben in seiner Fülle erst dann richtig beginnt.

Man muss sich nur dazu entscheiden, es zu tun und dies beginnt mit einem ersten Schritt.

Kapitel 1

Mrs. Perfect

„Du willst in allem perfekt sein und andere Menschen müssen das auch sein, damit sie deinen hohen Ansprüchen genügen“, schleuderte Brigitte ihr plötzlich heftig entgegen und unterstrich ihren emotionalen Ausbruch mit wilder Gestik. Und sie legte gleich nochmal nach: „Du bist Mrs. Perfect in allem, was du tust und deswegen bist du auch Single. Weil der Mann, der zu dir passt und das aushält, den gibt es nicht auf dieser Welt.“

Sabrina schluckte und sah Brigitte an: „Na, an Deutlichkeit lässt du heute ja nichts zu wünschen übrig. Ich bin gerade richtig froh, dass du meine beste Freundin und nicht meine Feindin bist. In einem hast du absolut Recht. Ich habe gewisse Ansprüche an mich und an die Art, wie ich im Leben agiere und meine Arbeit mache. Und ja, ich habe schon gewisse Vorstellungen hinsichtlich eines potenziellen Partners, aber ich denke, die haben andere Menschen auch. Und nein, sein IQ muss nicht 160 sein und er braucht auch nicht so attraktiv zu sein, wie George Clooney. Doch ich wünsche mir einen Mann, der etwas im Kopf hat, Gefühle zeigen kann, der mich berührt, anzieht und zu mir passt. Einen Partner, der ähnlich tickt wie ich und das Leben mit mir in allen Facetten genießen möchte. Was soll daran falsch sein?“

Brigitte beantwortete die Frage nicht mehr, denn es war bereits spät und sie wollte den gewünschten Zug erreichen. „Du, ich muss los, ich will nicht mir dir streiten, aber ich musste dir das einfach mal sagen. Ich rufe dich am Abend an und danke für das herrliche Essen!“

Eigentlich hatte der Brunch in Sabrinas Haus sehr gemütlich begonnen. Schon in der Früh hatte sie damit angefangen, alle

Speisen mit Liebe vorzubereiten. Dazu zählten der geräucherte Lachs mit Obers-Kren, Süßkartoffel mit Sauerrahm. Prosciutto mit Honigmelone, frisches, knuspriges Baguette, Thunfisch- und Eieraufstrich und Prosecco.

Am Vormittag hatte sie den Tisch auf der Terrasse liebevoll gedeckt und in die Mitte einen alten Keramikkrug mit einem üppigen Strauß Pfingstrosen gestellt. Die großen, schweren, weißen und rosafarbenen Blüten aus dem eigenen Garten bogen sich weit herab und berührten fast die Tischplatte. Sie verströmten einen unbeschreiblichen Duft.

Brigitte war Sabrinas beste Freundin, die sie seit 31 Jahren in guten und auch stürmischen Lebensphasen begleitet hatte. Sie hatten sich getroffen, weil sie eine kleine Wellness Reise über ein verlängertes Wochenende planen wollten.

Irgendwann hatte Sabrina ihr dann von einem Mann erzählt, den sie kürzlich kennengelernt hatte. Und dass er zwar nett gewesen war, aber sie nicht vorhatte, ihn nochmal zu treffen. Es gab einige Punkte, die für sie gar nicht passten, Kommunikationsfähigkeiten zählten unter anderem dazu. An dieser Stelle rastete Brigitte förmlich aus und es war zu diesem kleinen Eklat gekommen.

Am Abend schaute Sabrina sich in den Spiegel und fragte sich innerlich: „Bin ich das wirklich, eine Mrs. Perfect?“

Sie überlegte, ob sie tatsächlich eine totale Perfektionistin war und das womöglich selbst gar nicht merkte. Nervte sie andere Menschen damit? Stimmte es, dass sie auch von anderen erwartete, perfekt zu sein? Diese Fragen beschäftigten sie sehr.

Sie überlegte, was denn eigentlich hinter dem Wort “Perfektionismus“ steckte.

Es stimmte schon, wenn sie darüber nachdachte, war es für sie ganz normal, Dinge einfach qualitativ hochwertig, genau und korrekt zu tun. Und logisch, wenn man dieses Bestreben hatte, machte man relativ wenig falsch. Sie war achtsam, gründlich und überließ wenig dem Zufall. War das so verwerflich?

„Wo sind denn überhaupt die Grenzen zwischen Perfektionismus, Kontrollsucht, Genauigkeit und Liebe zum Detail?“, fragte sie sich und beschloss in der nächsten Zeit einen aufmerksamen und selbstkritischen Blick auf ihre verschiedenen Lebensbereiche zu richten.

Und natürlich würde sie sich selbst auch ein bisschen bei der Partnersuche beobachten. Sozusagen ganz bewusst schauen, ob Brigitte mit ihren niederschmetternden Worten womöglich wirklich ins Schwarze getroffen hatte.

Sabrina war fest davon überzeugt, ihren Traumpartner zu finden. Das Gefühl sagte ihr jedoch, dass für dieses Vorhaben viel Geduld erforderlich sein würde. Eine Charaktereigenschaft, die bei ihr absolut noch ausbaufähig war.

Es war wirklich höchst an der Zeit, aktiv etwas für ihr Privatleben zu tun. Sie arbeitete viel zu viel und hatte genug von den 60-Stunden-Wochen, den anstrengenden Dienstreisen und dem Umstand, dass ein Termin den anderen förmlich jagte. Von einem erfüllten Leben hatte sie mittlerweile ganz andere Vorstellungen.

Sabrina war schon sehr gespannt, was die nächsten Monate bringen würden. Wieder kam ihr das Gespräch mit Brigitte in den Sinn und wie ihre Freundin sie genannt hatte. Vielleicht hatte sie ja Recht mit ihren Aussagen. Dann würde die Überschrift für die nächsten Monate und Lebenskapitel wohl lauten: “Mrs. Perfect sucht Mr. Right.“

Kapitel 2

Prinzessin sucht Märchenprinz

Sabrina musste über sich selbst lachen. Eine deutsche Kollegin hatte ihr erzählt, dass sie einen absoluten Traummann über eine deutsche Single-Plattform gefunden hatte. Sabrina, die in Wien lebte, hatte zwar nicht vor auszuwandern, aber neugierig war sie natürlich schon. Und so beschloss sie spontan, mal kurz zu schauen, ob Fortuna und Amor auf dieser Singlebörse wirklich so gut kooperierten.

Kaum hatte sie sich registriert, landete schon die erste Nachricht von einem Mann namens Lukas in ihrem Posteingang. Laut Profil war Lukas 48 Jahre, doch nach seinem Foto hätte ihn Sabrina auf maximal 30 Jahre geschätzt.

„Wie kommt man eigentlich von Wien auf eine Dating-Plattform nach München?"

„Du, das geht ganz einfach, man braucht nur zwei Zutaten, einen PC und das Internet. Spaß beiseite, der Grund, warum ich hier bin, fällt in den Bereich spontaner Impuls. Vom Verstand her macht das keinen Sinn."

„Du suchst also deinen Traumpartner, sozusagen den Märchenprinzen?"

„Ach, was heißt Märchenprinz. Obwohl, so ein Happy End, wie im Märchen, das hätte schon was. Ich denke gerade an "Pretty Woman", du weißt schon, dieser hinreißende Film."

„Und was wünscht sich die Prinzessin?"

„Na ja, wahrscheinlich würde ein Unternehmer vom Typ her gut zu mir passen. Groß, attraktiv, gebildet, eloquent, mit viel Sinn für Humor, Sprache, Wortwitz und Kommunikation. Er sollte sehr sinnlich, herzlich und unternehmungslustig sein und sehr viel Lebensfreude ausstrahlen."

„Verstehe, die Prinzessin hat ziemlich klare Vorstellungen."

„Nun, wenn ich die nicht hätte, dann wüsste ich ja nicht, wen ich suchen sollte."

„In deinem Profil steht, dass du gerade dabei bist, dein Leben umzukrempeln. Wieso denn das, wenn ich fragen darf?"

„Wenn man draufkommt, dass etwas nicht passt, sollte man versuchen, es zu ändern."

„Da scheinen wir zwei das gleiche Schicksal zu haben. Bei mir geht es zurzeit auch drunter und drüber. Zuerst kam die Kündigung, weil die Firma, bei der ich seit langem beschäftigt war, in Konkurs gegangen ist. Und jetzt kommt eine Scheidung auf mich zu. Ich habe das Gefühl, ich befinde mich in einer echten Selbstfindungsphase."

„Hat dir der Job Spaß gemacht?"

„Nein, eigentlich nicht."

„Dann sei doch froh, dass das Leben dir die Möglichkeit bietet, eine Tätigkeit zu suchen, die dir mehr Freude macht. Und deine Ehe, war die glücklich?"

„Nein, auch nicht, zumindest in den letzten Jahren war sie es nicht mehr."

„Das gibt dir die Chance, darüber nachzudenken, wie du dein Leben zukünftig komplett neu gestalten willst. Ich mag dir keine Ratschläge geben, aber ich glaube, dass diese Dinge passiert sind, weil etwas nicht gepasst hat und noch viel Besseres auf dich wartet. Dahin zu kommen, ist ein bisschen zäh, aber ich denke, es zahlt sich aus."

„Im Prinzip denkt meine Noch-Ehefrau genauso, aber nach fast zwanzig gemeinsamen Jahren und zwei gemeinsamen Kindern ist es doch ziemlich brutal zu realisieren, dass es nicht mehr weitergeht. Ich brauche offenbar wesentlich länger, um damit abzuschließen, als meine Frau."

„Zwanzig gemeinsame Jahre? Du schaust aus, als wärst du selbst gerade dreißig. Du musst mir bei Gelegenheit die Daten von deinem Schönheitsdoktor geben.

Nein, Spaß beiseite, klar, wenn Kinder dabei sind, ist es sicher schwierig.

Tja, was könnte ich dir sonst noch dazu sagen? Meine Lebensphilosophie ist wie folgt. Ich bin der Ansicht, dass uns alle Ereignisse, mit denen wir im Leben konfrontiert werden, bei der persönlichen Entwicklung unterstützen. Solange du dich dagegen wehrst und Widerstand leistest, wird es immer schwerer für dich. Entschließe dich doch, die Dinge anzunehmen, die gerade in deinem Leben passieren. Dann kommt dein ganzes Leben in Fluss. Es geht darum, es zu akzeptieren und auch Urvertrauen ins Leben zu haben."

„An deinen Worten ist sicher viel Wahres dran. Die eigenen Probleme anzugehen, fällt mir nur so verdammt schwer. Und meine Ehe hat mich sehr viel emotionale Kraft gekostet und das ist immer noch so. Ich hoffe, dass ich es bald schaffe, meine inneren Widerstände gegen die Veränderungen loszulassen."

„Es ist schwer, aber du kriegst es sicher hin. Du sagst, deine Ehe hat dich viel Kraft gekostet. Das heißt, dass sehr viel von deiner Energie dort hingegangen ist. Wenn du loslässt, hast du Energie für etwas Neues.

Und noch eine Information aus meiner reichhaltigen Erfahrungs-Truhe. Versuche nicht, dein Leben nur mit dem Verstand neu zu planen und zu gestalten. Das habe ich sehr lange mit großer Hartnäckigkeit probiert. Es funktioniert aber nicht. Vertraue deinem Gefühl und der Intuition und würge die Ideen nicht ab, wenn sie kommen. Ich weiß nicht, wie du das siehst, aber dem Verstand wird in unserer Gesellschaft viel zu viel Bedeutung beigemessen. Der Verstand sollte eigentlich erst dann ins Spiel kommen, wenn es um die Realisierung geht."

„Ich glaube, du hast möglicherweise Recht. Vor allem sollte ich wahrscheinlich aufhören, der großen Liebe mit dieser Intensität nachzujagen. Ich habe mittlerweile den Eindruck gewonnen, die rennt weg, wenn man sie jagt. Vielleicht kommt sie, wenn man damit aufhört?"

„Ja, Lukas, möglicherweise ist das so.

Ich bin jetzt müde, aber ich hoffe, dass wir in Kontakt bleiben. Lukas, es war total nett, mit dir zu plaudern."

„Ja, das fand ich auch. Endlich eine Frau, mit der man sich wirklich gut unterhalten kann. Ich wünsche dir, dass du deinen Märchenprinzen findest!"

„Danke! Ich halte die Daumen für deine Traumfrau. Gute Nacht!"

Sabrina war müde, doch die Unterhaltung mit Lukas hatte ihr viel Spaß bereitet. Unglaublich, wie sich die Kommunikation mit ihm entwickelt hatte. Es war so ein offener und unbeschwerter Austausch gewesen. Kaum zu glauben, dass sie sich gerade erst jetzt kennengelernt hatten. Der Gedanke, einen virtuellen Gleichgesinnten bei der Partnersuche zu haben, gefiel ihr ausgesprochen gut.

Kapitel 3

Dinner in Weiß

Es war 7:00 Uhr in der Früh. Sabrina bereitete rasch ihr Frühstück zu, denn ohne Kaffee ging bei ihr gar nichts. Sie brauchte immer ein paar Tassen, um in Schwung zu kommen.

Während sie den ersten Cappuccino und ein Brot mit Käse genoss, startete sie ihren PC und war gespannt. Möglicherweise war sie nur mehr einen einzigen Klick vom großen Glück entfernt. Im Posteingang befand sich Harald, genau genommen, eine ausführliche Nachricht von ihm. Seine E-Mail klang eigentlich ganz nett.

Sie sah sich in Ruhe die verschiedenen Fotos an. Das erste Bild zeigte Harald am Strand posierend. Er sah knallrot im Gesicht aus. Wahrscheinlich hatte er es verabsäumt, auf seiner blassen Haut eine Sonnencreme mit hohem Lichtschutzfaktor aufzutragen. Dann begutachtete sie das Portraitfoto. Das war jetzt Harald mit leicht gequältem Lächeln, was bei Sabrina selbiges hervorrief. Für Sabrina selbst war es auch stets ein Drama, sich für Fotos in Pose zu setzen. Es fühlte sich immer so künstlich an. Wahrscheinlich ließ er sich genauso ungern fotografieren.

Rein optisch gesehen entsprach er nicht gerade ihren Idealvorstellungen, aber er wirkte nett und sein Schreiben war sympathisch. Ihr war bewusst, dass sie ein Mensch war, der möglicherweise zu viele und zu hohe Ansprüche hatte. Es war schon gut, sich manchmal selbst vom hohen Ross herunter zu holen. „Ja warum denn nicht, man könnte sich ja einfach mal ganz unverbindlich auf einen Drink treffen“, dachte Sabrina.

Als Treffpunkt wurde rasch ein Kulinarik-Treff direkt am Donaukanal, in der Nähe der Innenstadt von Wien, festgelegt.

Bei diesem Wetter war die Terrasse des Lokals sicher ein schöner Platz für ein Treffen.

Sabrina schlüpfte in neue weiße Jeans, die sie sich gerade gekauft hatte und wählte dazu eine weiße, lose fallende Leinenbluse. Sie drehte sich kurz vor dem Spiegel und fand, dass sie für eine 49-jährige Frau, ein durchaus erfreulicher Anblick war. Dieser lässige Sommerlook passte gut zu ihrer leicht gebräunten Haut. Und dieses makellose Weiß, es wirkte so frisch. Das natürliche Makeup und die wallende Haarmähne ergänzten das Styling perfekt.

Kurz schoss ihr der Gedanke durch den Kopf, dass die Farbe Weiß heikel war und manchmal Flecken förmlich anzog. Vor ihrem geistigen Auge tauchten Spaghetti mit Tomatensauce auf. Sie visualisierte das Schreckensbild einer widerborstigen Nudel, die sich dem Aufrollen auf der Gabel zur Wehr setzt, um nahezu tückisch und bösartig auf den Teller zurückzuspringen und damit die Kleidung von oben bis unten mit roten Spritzern zu verunstalten.

Es war gut, dass sie an diese Eventualität gedacht hatte. Sie beschloss, auf keinen Fall ein Risikoessen dieser Art zu bestellen. Ein verdorbener Abend war sicher nicht das, was Sabrina im Sinn hatte.

Als Sabrina die Terrasse des Lokals betrat, war Harald schon da. Sabrina musterte ihn und dachte an die Fotos, die sie ja schon vorab von ihm gesehen hatte. Es gab keine große Überraschung. Die Aufnahmen, die sie schon kannte, entsprachen ziemlich genau der Realität.

Harald ging rasch auf sie zu und begrüßte sie überschwänglich: „Hallo Sabrina, ich freue mich, dich kennen zu lernen. Wow, du siehst echt toll aus in diesem weißen Look.“

Sabrina bedankte sich und war bereits in der Verlegenheitsfalle. Er entsprach definitiv nicht ihrem Beuteschema. „Wie soll ich jetzt reagieren, ohne allzuviel zu schummeln?“, fragte sich Sabrina. Nach einem kurzen Moment lächelte sie und erwiderte: „Danke, nett von dir. Du siehst total erholt aus, warst du gerade auf Urlaub?“

„Ja, so etwas Ähnliches, quasi Dauerurlaub. Es ist mir ein bisschen unangenehm, weil ich erst 52 bin, aber ich bin schon in Pension“, antwortete Harald mit einem verlegenen Schmunzeln.

Harald war ein netter und unterhaltsamer Gesprächspartner. Er erzählte ihr, dass er bis vor kurzem als Buchhalter bei der ÖBB beschäftigt gewesen war. Nach 35 Dienstjahren hatte man ihm plötzlich die einmalige Chance angeboten, einen “Goldenen Handshake“ zu erhalten. Natürlich hatte er diese Gelegenheit beim Schopf gepackt. Seither vertrieb er sich die Zeit mit Gartenpflege und Golf spielen.

Sabrina hörte ihm aufmerksam zu und meinte: „Verstehe, deshalb wirkst du so entspannt.“

Aperol Spritz war für beide das Getränk der Wahl und Harald schilderte einige seiner Erlebnisse mit Damen von der Singlebörse: „Auf der Plattform sind einige Russinnen, die dort mitunter auch recht energisch nach dem Mann ihres Lebens suchen. Du kannst es dir nicht vorstellen, wie sie agieren. Eine wollte unbedingt meine E-Mail-Adresse, weil sie im Internet kein Foto von sich posten wollte. Dann hat sie mir ein Bild geschickt. Ich bin erstarrt, wie ich es gesehen habe. Ein Supersize Model, das sich am Bett geräkelt hat. Sie trug Leggings im Leoparden-Look, war unbeschreiblich aufgetakelt und sehr stark geschminkt. Sie war ein grauenhafter Anblick.“

Harald nahm einen Schluck von seinem Getränk und setzte seine Erzählungen fort: „Und generell habe ich mit einigen Damen leider extrem schlechte Erfahrungen gemacht. Die Frauen auf den Fotos haben oft um zehn Jahre jünger und mindestens fünfzehn Kilo leichter ausgesehen, als die ältlichen Walküren, die dann zum Treffen gekommen sind. Bei einer war ich echt sauer. Sie hatte in ihrem Profil das Alter mit 52 Jahren angegeben. In Wirklichkeit war sie dann jedoch 64 Jahre alt. Sie hat gemeint, dass sich kein Mann mit ihr getroffen hätte, wenn sie zu ihrem wahren Alter gestanden wäre. Diese Annahme war vollkommen richtig. Ich habe damals das Lokal fluchtartig verlassen.

Aber das Ärgste, was mir je untergekommen ist, war Martina. Ich habe ihre E-Mail bekommen, in der sie sich für meine Nachricht bedankt hat. Ich konnte mich zunächst überhaupt nicht an diese Frau erinnern und dann schrieb sie mir allen Ernstes: „Ich muss gestehen, dass ich deine Nachricht schon vor einem halben Jahr bekommen habe. Du warst damals allerdings Nummer 51 in meiner Schar von Bewerbern."

Sie erzählte mir, dass sie erst kürzlich mit Nummer 50 Schluss gemacht hatte. Das war der Grund für die späte Antwort. Ich habe ihr empfohlen, ohne zeitlicher Verzögerung einen fliegenden Wechsel zu Nummer 52 zu machen."

Sabrina hörte zu und schüttelte etwas ungläubig den Kopf. „Wahnsinn, was du da alles erlebt hast, das klingt ja geradezu abenteuerlich."

Sabrina und Harald fuhren fort, ihre Erfahrungen auszutauschen und bestellten jeweils ein Wok Gericht mit Gemüse und Basmatireis. Als Sabrina mit dem Essen fertig war, inspizierte sie mit einem dezenten Blick ihre Kleidung. Nach wie vor, war alles blütenweiß und in bester Ordnung. Spaghetti mit Tomatensauce hätten wirklich ein zu großes Gefahrenpotenzial für ihre heikle Bluse bedeutet.

Sabrina verließ ihren Platz, um auf die Damentoilette zu gehen. Sie wollte die Tür mit einem dynamischen Schwung schließen, was aber nicht ganz gelang, weil der eigene Mittelfinger im Weg war. Der Schmerz war so heftig, dass Sabrina zusammenzuckte. Irgendwie kam ihr ein Satz ihrer Mutter in Erinnerung, der lautete: „Wenn man die Tür vom Auto oder vom Kühlschrank zugeworfen hat, hast du als Kind oft in letzter Sekunde deine Finger hineingesteckt." Es schien, dass sie diese Fertigkeit trotz ihres fortgeschrittenen Alters nicht verloren hatte.

Es war zwar nur eine relativ kleine Wunde, doch sie blutete stark. Noch schlimmer war jedoch, dass der verletzte Finger ihre vormals blütenweiße Bluse und auch die Jeans bereits mit einer langen, roten Tropfspur verunstaltet hatte.

Auf der Klobrille sitzend, wickelte sich Sabrina etwas Papier um den Finger, um die Blutung einzudämmen und ging dann in den Waschraum. In ihrem Kopf rasten die Gedanken: „Irgendwie ist das jetzt alles nicht wahr. Den Gang zur Toilette bringt man ja üblicherweise ohne gröbere Verletzungen hinter sich. Was wird Harald bloß denken? Was macht das denn für einen Eindruck, wenn ich nach einer dreiminütigen Absenz mit Blutflecken übersäht zu dem Mann zurückkomme, mit dem ich gerade das erste Rendezvous habe? Also schlimmer geht es nimmer."

Ihre Gedanken galoppierten förmlich und die Phantasie ging mit ihr durch. Sie sah eine Headline in einer Tageszeitung vor sich. "Frau kam blutüberströmt aus der Damentoilette".

Handelte es sich wieder um einen dieser brutalen Überfälle?

„Nein, es handelte sich um eine Frau, die so doof war, sich eine Tür auf den eigenen Finger zu werfen", antwortete Sabrina innerlich.

Beschämt huschte sie in leicht geduckter Haltung durch die Menschenmenge zu ihrem Platz zurück. Vorbei war es mit dem lässigen Flair und der Eleganz. Irgendwie sah sie jetzt eher wie die Hauptdarstellerin der Sendung "Tatort" aus, die gerade nochmal in letzter Sekunde einem Attentat entkommen war. Die vormals schneeweiße Kleidung war voller Blutflecken. Nein, auch bei positivster Betrachtungsweise, dieser Anblick war weder lässig noch erbaulich, einfach ein Albtraum.

Harald, der schon gezahlt hatte, sprang auf und zuckte zusammen, als sie plötzlich so vor ihm stand. Er hatte förmlich Fragezeichen in seinen Augen und Sabrina konnte es ihm nicht verdenken. „Sabrina, um Gottes Willen, was ist denn passiert?", fragte er mit Entsetzen im Gesicht.

Harald hatte sicher nicht damit gerechnet, dass seine bisherigen Erlebnisse mit Frauen von der Singlebörse noch getoppt werden konnten. Sabrina hatte ihn eben eines Besseren belehrt, auch wenn sie gerne darauf verzichtet hätte.

„Wahrscheinlich sehnt er sich gerade nach dem Anblick des russischen Super Size Models im Leoparden-Look, denn das wäre jetzt sicher das geringere Übel", dachte Sabrina und war peinlich berührt.

Die Wahrheit erschien ihr als nicht zumutbar und so murmelte sie: „Bin auf nassen Fliesen ausgerutscht."

Nach einer kurzen Verabschiedung verließ sie nahezu fluchtartig das Lokal. An eine Heimfahrt mit öffentlichen Verkehrsmitteln war nicht zu denken. Glücklicherweise war es zwischenzeitlich ziemlich dunkel, so dass sie ohne weitere Erklärungen zu einem Taxi gelangte. Rasch schlüpfte sie auf die Rückbank des Autos und sank erleichtert auf das etwas schäbige Leder.

Sabrina lächelte glücklich und schickte ein Stoßgebet zum Himmel. Sie war so froh und dankbar, dass Harald so ganz und gar nicht ihr Typ gewesen war. Nicht auszudenken, wie es gewesen wäre, in diesem Look dem Traumpartner gegenüber zu stehen.

Kapitel 4

Bürogeschichten

Am nächsten Tag wurde Sabrina vom Büroalltag wieder förmlich verschlungen. Als Event Managerin hatte sie ausreichend Gelegenheit, ihren Perfektionismus auszuleben. Sie dachte wieder einmal an das Gespräch mit Brigitte und den Ausdruck "Mrs. Perfect". Innerlich musste sie lachen. Ob sie sich vielleicht gerade deshalb, diesen Job ausgesucht hatte?

In ihrem Zuständigkeitsbereich lagen dreizehn Länder, in denen sie pro Jahr zwanzig bis dreißig Messen und andere Events organisierte. Natürlich befanden sich diese jeweils in einem anderen Stadium der Vorbereitung.

Die Tätigkeiten waren vielfältig. Sie umfassten die Planung und Budgetkontrolle, die Abwicklung von Events und Messen, inklusive der Organisation von tollen Locations und Rahmenprogrammen, die interne Kommunikation und die Abrechnung und Weiterbelastung von Kosten. Auch der zeitgerechte Druck der Mailings, der Versand der Einladungen, das Handling der Kundenanmeldungen und vieles mehr zählten zu ihren Aufgaben.

Die Kommunikation führte Sabrina in Deutsch und Englisch durch, je nachdem, um welches Land es ging. In manchen Fällen kamen noch Übersetzungen dazu, die sie mit den lokalen Organisationen abstimmte.

Mit unglaublicher Akribie galt es, für alle Events perfekte Projektpläne zu erstellen und sich um hunderttausend verschiedene Details zu kümmern. Sie führte für jede Veranstaltung eine spezifische Excel-Liste, in der alle nötigen Aktivitäten genau aufgelistet waren. Anders hätte sie die Fülle der Aufgaben gar nicht bewältigen können. Für Sabrina waren diese Listen wie ein

Kompass, der sie zum gewünschten Ziel brachte, nämlich zu tollen Events, die Kunden und Vertriebsmitarbeiter gleichermaßen begeisterten.

Bei manchen Seminaren ging es um bis zu 300 Personen, die aus einer Vielzahl von Ländern an- und abreisten. Sie benötigten Unterstützung für ihre Visapapiere, mussten oft in mehreren Hotels untergebracht werden und erforderten individuelle Flughafen-Transfers.

Ständige Änderungen bis zur letzten Sekunde hielten Sabrina permanent auf Trab und ließen ihren Puls mitunter auch mal in die Höhe schnellen. Sie waren jedoch ihr Alltag und wurden stets professionell erledigt.

Sabrina sorgte dafür, dass Messen, Konferenzen und Ausstellungen immer erstklassig abliefen. Sie kümmerte sich um außergewöhnliche Rahmenprogramme, spannende Referenten, einwandfrei funktionierende Technik und höchst sorgfältig geplante Logistik, die nichts dem Zufall überließ.

Kurz gesagt – Sabrina war in ihrem Element. Im Job lief es ziemlich perfekt. Bis auf eine Sache, aber das war eine andere Geschichte.

Kapitel 5

Das Schmusekatzen-Seminar

Es war wieder eine Nachricht von Lukas im Posteingang. „Oh, sehr fein“, dachte Sabrina und freute sich. Mittlerweile hatte sie sich an den Austausch mit Lukas, der meist am Abend stattfand, schon sehr gewöhnt.

„Hallo Sabrina, unsere letzte Unterhaltung fand ich sehr schön. Mit deiner Einschätzung zu der Art, wie ich Entscheidungen treffe, hattest du sicher Recht. Irgendwie ist es gar nicht so einfach, dem Gefühl und der Intuition zu vertrauen.

Das Online-Dating hat Licht- und Schattenseiten. Wenn man für das echte Leben ernsthaft etwas erwartet, dann ist es meistens ziemlich ernüchternd, doch wenn man sich überraschen lässt, dann kann es manchmal ganz nett oder witzig sein.“

„Guten Abend Lukas! Ja, mir hat unsere Unterhaltung auch gut gefallen. Ich habe mich sehr lange von meinem Verstand regieren lassen und damit Schiffbruch erlitten. Jetzt kannst du dafür, von meinen “schlauen“ Tipps profitieren“, antwortete Sabrina und sofort entstand wieder eine rege Diskussion auf der Singlebörse.

„Tja, Sabrina, letztlich kommt man durch Lebenskrisen zu neuen Sichtweisen und einer positiven Entwicklung. Zumindest ist das die Hoffnung, die ich zurzeit habe. Ich wünsche mir, dass der ganze Mist, den man erlebt, zumindest für irgendetwas gut ist. Falls es nicht klappt, fahren wir halt zusammen für ein paar Tage weg, dann kannst du mir ja alles in Ruhe beibringen.“

„Ich biete aber nur Unterstützung über das Internet an, du weißt schon, wie ein Fernstudium zum Thema: “Was Sie schon immer über Frauen wissen wollten und Männern immer noch ein Rätsel ist“, erwiderte Sabrina lachend.

„Ich nehme an, dass du durch mein Profil schon mitbekommen hast, dass ich deinem Wunschbild vom Traumpartner wahrscheinlich nicht entspreche."

„Ja, das mag sein, aber ich denke, du bist ein netter Typ. Schauen wir mal. Man kann sich ja auch verstehen, ohne dass es um eine Mann-Frau-Geschichte geht."

„Freundschaften zwischen Mann und Frau fallen den Männern meistens ziemlich schwer. Ich denke, weil sie den Reiz lieben. Sie mögen es, wenn es ein bisschen prickelt und die Sympathiefunken fliegen. Leider lässt sich dieser Zustand nicht dauerhaft erhalten. Und danach wird es meistens kompliziert. Ich bin jedenfalls gerade dabei, Frauen auch wieder als Kumpel zu sehen. Ist ja schließlich auch doof, die halbe Menschheit von vornherein als Freunde auszuschließen."

„Ganz schön viel Lebensweisheit. Ja, stimmt, ich sehe das seit kurzem auch wesentlich lockerer. Das Gute bei so einer Konstellation: kein Stress, keine Herzprobleme und keine Gehirnaussetzer. Ich versuche in allem das Positive zu sehen."

„Weißt du, es ist ja schon herrlich, eine Schmusekatze in den Arm zu nehmen und sie in den Schlaf zu streicheln. Die Probleme gehen dann los, wenn die Schmusekatze ihr Herz verschenkt und sich häuslich einrichten möchte."

„Tja, es gibt Schmusekater, da ist es ganz ähnlich."

„Vielleicht biete ich ja nach meiner Transformation zum besseren Menschen ein ausführliches Schmusekatzen-Seminar an. Es wird darum gehen, seine Gefühle zeigen zu lernen und wieder Spaß und Liebe im Leben zu erlangen."

„Naja, vielleicht eine geniale Geschäftsidee, du willst dich ohnedies neu orientieren."

„Das Schmusekatzen-Seminar enthält dann aber nicht nur Theorie, sondern auch viele praktische Übungen."

„Nun, wenn du Teilnehmerinnen findest, die dafür noch bezahlen, ist das vielleicht gar keine schlechte Idee. Da schlägst du gleich zwei Fliegen mit einer Klappe, wie das so schön heißt.

Du verdienst Geld und brauchst keines mehr für Partnerbörsen auszugeben. Kontakt zu Frauen hast du dann ja im Seminar.

Du müsstest dir halt Frauen aussuchen, die dir gefallen, sonst ist es für dich eher nicht so toll. Ich stelle mir gerade eine Runde von Seniorinnen vor, die noch etwas lernen wollen und vor allem deinen Gesichtsausdruck, wenn dieses Seminar beginnt und das Durchschnittsalter der Teilnehmerinnen bei 70 Jahren liegt."

„Gute Idee und die Anmeldung nur mit Foto und dem Hinweis, dass Blondinen Rabatt bekommen. Und natürlich, dass die Teilnahme völlig ungefährlich ist."

„So eine Regelung ist aus Gründen der Gleichbehandlung wohl kaum möglich. Und wenn ein Mann sagt, etwas ist ungefährlich, schrillen bei einer Frau normalerweise die Alarmglocken."

„Ehrlich? Und wie sollen wir es sonst ausdrücken, wenn es tatsächlich so ist?"

„Du bringst mich wirklich zum Lachen. Das ist eine gute Frage, da denke ich jetzt ein paar Wochen darüber nach."

„Ein paar Wochen? Willst Du darüber promovieren?"

„Ach was, das war ein kleiner Scherz. Es kommt natürlich im Detail darauf an, worum es geht und wie glaubwürdig der entsprechende Mann ist. Manchmal kann man Männer ja auch ernst nehmen."

„Oh, danke für das Kompliment!"

„War eigentlich ganz allgemein gemeint, aber ich könnte mir schon vorstellen, dass du ein glaubwürdiger Mensch bist."

„Stimmt!"

„Bei den meisten Dingen frage ich heute mein Herz, wie sich etwas anfühlt. Das ist eine neue Lebensqualität, wenn man sich darauf einlässt."

„Ja, Verstand und Herz in Einklang zu bringen, das ist mein Ziel. Da bist du mir sicher einige Schritte voraus. Ich stehe bei der Umsetzung dieser Erkenntnis noch ziemlich am Anfang."

„Kein Problem, das bekommen wir schon hin, du hast ja jetzt Hilfe aus Wien."

„Ich weiß das ja alles, aber die Realisierung ist so schwierig. Auf alle Fälle vielen Dank für deine Unterstützung!

Weil es mit den Frauen nicht so einfach ist, habe ich übrigens vor einiger Zeit angefangen, Geschichten zu schreiben."

„Spannend, das musst du mir das nächste Mal schildern. Vielleicht schickst du mir deine Lieblingsgeschichte? Ich habe übrigens vergessen, eine Kleinigkeit zu erwähnen. Hatte gestern das erste Treffen und es war ein Desaster."

„Wieso das denn?"

„Ach, ich hatte mir den Finger eingeklemmt. Ich sage jetzt lieber nicht, wo mir das passiert ist. Stelle dir mal Blutflecken auf weißer Kleidung vor. Einfach furchtbar! Gott sei Dank war dieser Mann nicht mein Typ."

„Das klingt schon sehr speziell. Kopf hoch! Du hast ja gerade erst mit der Partnersuche angefangen!"

„Ja, das stimmt. Bis bald, Lukas!"

„Ciao, Sabrina!"

Kapitel 6

Sternzeichen als Stolperstein

Es war spät am Abend und Sabrina war neugierig. „Welche Nachricht wartet wohl heute auf mich?“, fragte sie sich. Ein Unternehmer namens Martin war sozusagen in ihren Posteingang gehüpft. Sein Foto zeigte einen Mann, der eher älter aussah, als die angegebenen 54 Jahre. Er hatte komplett ergraute Haare und vermittelte Sabrina den Eindruck, dass er mit knappen Jeans und Markensonnenbrille versuchte, sich ein jugendlich lässiges Flair zu verpassen. Sabrina stellte sich auch gleich die Frage, wie man bloß ein Foto auswählen konnte, auf dem so eine grässliche Bauchtasche zu sehen war.

Ob er damit die gewünschte Nadel im Heuhaufen finden würde? Naja, es gab sicher auch weibliche Bauchtaschen-Trägerinnen unter den “Nadel-im-Heuhaufen-Sucherinnen“.

„Keine Vorverurteilungen, einfach mal schauen“, dachte sich Sabrina und öffnete die E-Mail.

„Meine liebe Unbekannte, als ich dein Profil durchgelesen habe, ist mir ganz heiß geworden. Denn deine Wünsche und Vorstellungen könnten auch aus meinem Herzen kommen. Viele Gemeinsamkeiten, eine Frau mit Gefühl und Tiefgang. So würde ich mir die Frau an meiner Seite vorstellen. Bin beeindruckt.“

Für Sabrinas Geschmack war die Begeisterungswelle etwas zu überschwänglich. Doch ihr war bewusst, dass sie wahrscheinlich zu kritisch und zu anspruchsvoll war. Offenheit war vielleicht das Gebot der Stunde, also schrieb sie ein paar Zeilen, die weniger euphorisch waren, zurück und gab ihre Fotos für Martin frei. Jetzt kannte die Begeisterung keine Grenzen mehr und Martins Antwort tauchte rasch in den Nachrichten auf.

„Danke für deine liebe Mail und deine Fotos. Ich schaue in ein unheimlich sympathisches, hübsches Gesicht. Eine Frau, die ganz nach meinem Geschmack ist. Sicher sagen Fotos nicht alles aus, aber ich bin schon der Meinung, dass man aus einem Gesicht vieles herauslesen kann. Dein Gesicht verspricht vieles. Ich hoffe, ich täusche mich nicht. Ich weiß, es sind nur Worte und Fotos, aber es ist der erste Eindruck.

Um zu beurteilen, ob wir füreinander geschaffen sind, ist natürlich ein persönliches Treffen erforderlich. Alles beginnt sowieso erst beim Blick in deine Augen.

Dieses Medium kann uns nur zusammenführen, dann liegt es an uns. Erzähle mir noch ein wenig von dir und bitte sei mir nicht böse – sind deine Fotos aktuell? Ich möchte mich noch ein wenig zurückhalten, bevor ich in Euphorie verfalle."

Sabrina versuchte rasch, den Unbekannten etwas einzubremsen: „Ja, die Fotos sind aktuell. Ich sehe jünger aus und suche eigentlich einen Mann im Alter von maximal 45 Jahren, weil ich finde, dass er optisch besser zu mir passen würde. Aber dein Profil ist sympathisch, vielleicht treffen wir uns trotzdem mal auf einen Kaffee?"

Es schien, dass sie hinsichtlich der Altersfrage Martin ein wenig auf die Füße gestiegen war. Er antwortete prompt: „Ich selbst bezeichne mich als einen sehr junggebliebenen "Silberrücken", bin auch sehr aktiv und sportlich und könnte dir schon Paroli bieten. Es hängt doch nie vom Alter eines Menschen ab, sondern immer von seinem Zustand und seiner Einstellung. Lass uns doch telefonieren, wenn du dich traust."

Bei Sabrina hatte sich zwischenzeitlich der Eindruck verstärkt, dass das nie und nimmer passen konnte. Sie und ein jugendlicher "Silberrücken" mit Bauchtasche? Das fühlte sich seltsam an. Andererseits, was sollte das heißen: "Wenn du dich traust"? So viel Mut gehörte da ja nicht wirklich dazu.

Sabrina schaute auf seine Telefonnummer und dachte sich, dass sie vielleicht trotzdem dem Glück eine Chance geben sollte.

Spontan tippte sie seine Nummer auf ihrem Handy ein und war nach wenigen Minuten vollkommen überrascht. So konnte man sich täuschen. „Wie gut, dass ich Martin doch angerufen habe“, dachte sie, nachdem das Telefonat zu Ende war. Er hatte eine sehr angenehme, man hätte fast sagen können, eine äußerst erotische Stimme.

Martin und Sabrina unterhielten sich zirka zwei Stunden über Gott und die Welt. Sie tauschten sich aus über ihre Vorstellungen hinsichtlich einer Partnerschaft, über berufliche Dinge, ihren Werdegang und ihre Familien. Sie plauderten, als ob sie sich schon ewig gekannt hätten. Schließlich vereinbarten sie ein Treffen am nächsten Tag in der Innenstadt von Wien. Martin schlug als Treffpunkt die Pestsäule am Graben vor, was Sabrina zum Lachen veranlasste. “Nomen est omen“ war da kurz in ihren Gedanken, aber es spielte ja nicht so eine große Rolle, wo man sich traf.

Eine halbe Stunde nach dem Telefonat warf Sabrina, die in einem anderen Zimmer gewesen war, einen Blick auf das Handy. Das Display zeigte fünf Anrufe in Abwesenheit von einer Nummer an.

Sabrina fragte sich: „Wer kann das sein? Geht es um Leben und Tod?“ Sie hatte ihre Brille nicht bei der Hand und versuchte, die kleinen Ziffern der Nummer zu erfassen. In dem Moment kam gerade Anruf Nummer sechs.

„Hallo Sabrina, ich habe etwas ganz Wichtiges vergessen. Was für ein Sternzeichen bist du?“

Irritiert über diese banale Frage und in totalem Unverständnis, was denn daran wichtig sein konnte, antwortete Sabrina: „Ich bin vom Sternzeichen ein Wassermann.“

In der gleichen Sekunde hörte sie vom anderen Ende der Leitung von Martin ein langgezogenes: „Uiii, das geht leider nicht. Fisch und Wassermann passen ja überhaupt nicht zusammen.“ Was für ein Kommentar! Und das nach einem zweistündigen Telefonat, in dem sie sich fast angefreundet hatten.

Sabrina war irritiert. Ihre Stimme kühlte nach der vorher so herzlichen Konversation merkbar ab und sie beendete das Telefonat abrupt.

Eigentlich erschien ihr jeglicher zusätzlicher Aufwand zu viel für einen Mann, der seine Partnerin offenbar nach dem Sternzeichen auswählte. Aber kurz wollte sie Martin schon schreiben, wie befremdlich sie sein Verhalten empfunden hatte.

Sie setzte sich an den Schreibtisch und ihre Finger huschten über die Tastatur. „Ich fand, dass unser erstes Telefonat toll war. Du bist so sympathisch rübergekommen. Ich dachte zuerst, das ist ein intelligenter Unternehmer mit Niveau. Und dann kommst du mit diesem seltsamen Sternzeichen Kram. Ich weiß gar nicht, was ich dazu sagen soll."

Mittlerweile war es bereits 22:00 Uhr und ehe sie sich versah, war wieder ein Schreiben von Martin da.

„Sternzeichen sind für mich wegweisend und Fisch und Wassermann passen normalerweise überhaupt nicht zusammen. Ich hatte schon zwei Wassermann Frauen – starke Anziehung, aufregende Verbindung, toller Sex, aber sie können keine feste Bindung eingehen, halten sich an keine Vereinbarungen und sind unzuverlässig. Sie sind Schmetterlinge, die zwar gerne heiraten wollen, sich aber nie unter- und einordnen können. Das sind meine Erfahrungen und das sagen auch die Sterne. Ich glaube, die Horoskop Tante aus dem Radio sieht das genauso. Aber wir könnten es trotzdem wagen, egal, ob uns die Götter wohlgesonnen sind."

Sabrina starrte förmlich auf die Worte dieser Nachricht und hatte den Eindruck, dass ihr Blutdruck gerade auf 500 gestiegen war. Der Inhalt war einfach unfassbar, so eine Frechheit! Ein Mann, der sie nicht kannte, unterstellte ihr, ein unzuverlässiger Mensch zu sein.

Was die Sternzeichen betraf, konnte Sabrina mit der Zuordnung von bestimmten Charaktereigenschaften nicht viel anfangen. In einem hatten die Sterne aber offenbar schon Recht.

Sie hatte nicht die geringste Absicht, sich irgendwo einordnen zu lassen. Sie war ja nicht ein Paar Socken, das danach lechzte, ein Plätzchen in irgendeiner Kommodenlade zu finden. Und sich unterzuordnen, nein, das ging schon gar nicht. Vielleicht wäre Martin mit einer Frau besser dran, die immer drei Schritte hinter ihm gehen würde. Und am besten noch mit gesenktem Kopf, damit gleich für jeden klar war, wer das Sagen hatte.

Ihre Finger flogen förmlich über die Tasten, als sie Martin rasch antwortete: „Du unterstellst mir Unzuverlässigkeit, obwohl du mich noch nicht mal kennst? Ein starkes Stück! Suchst du deine Partnerin allen Ernstes nach dem Sternzeichen aus?

So ein Mann kann nie und nimmer zu mir passen. Und wenn du deine Entscheidungen abhängig machst von einer Horoskop Tante und ihren profunden Ansichten und Einsichten, dann kann ich mich nur mehr wundern. Gute Nacht!"

Ihr Mittelfinger drückte auf die Sendetaste und Erleichterung machte sich breit. So ein Single Leben ohne jugendlichem "Silberrücken" fühlte sich gerade extrem gut an.

Kapitel 7

Das Wetter als Gegenspieler

Am nächsten Tag blickte Sabrina aus dem Fenster und registrierte die tiefgrauen Gewitterwolken, die gerade am Himmel zu sehen waren. Den geplanten Spaziergang musste sie wohl verschieben. Das Wetter war mit Sicherheit der größte Feind von Perfektionisten.

„Das ist definitiv ein Bereich, in dem ich die Kontrolle leider immer abgeben musste und das wird auch zukünftig so sein", dachte Sabrina und lächelte ein bisschen verzweifelt. Das Wetter war des Öfteren eine Schwachstelle gewesen, die sie zu ihrem Leidwesen nicht im Geringsten in den Griff bekommen hatte. Hier hatte immer der Wettergott gesiegt.

Von den daraus resultierenden Problemen, konnte sie als Event Managerin wirklich ein Lied singen. Denn auch wenn alles im Voraus perfekt geplant gewesen war, gab es doch immer wieder mal unliebsame Überraschungen durch Mutter Natur. Die Herausforderung bestand darin, dann rasch geniale Ideen zu entwickeln, um das Beste aus einer bestimmten Situation zu machen. Sabrina hatte sich zwischenzeitlich daran gewöhnt, mit den Wetterkapriolen umzugehen.

Mit Schaudern dachte sie an das Rahmenprogramm einer großen Konferenz. Die Eisriesenwelt war als Highlight für 250 ausländische Gäste geplant gewesen. Obwohl das Event im Juni stattgefunden hatte, verhinderten zu große Schneemengen im letzten Moment den Besuch. Wegen siebzig Zentimeter Neuschnee musste das Programm in letzter Sekunde auf ein Salzbergwerk umgeändert werden.

Und mit Schrecken erinnerte sie sich an den dreitägigen Schnürlregen in Hallstatt. Man hatte damals wirklich den

Eindruck bekommen, dass die Regenmassen kein Ende nahmen. Um die geschätzten Kunden davor zu bewahren, täglich vollkommen durchnässt zu werden, war eine schnelle Lösung erforderlich gewesen. Blitzartig hatte sie 300 Schirme organisiert. So konnte sie die Kunden, die an einem Symposium teilgenommen hatten, wenigstens ein bisschen mit dem Wettergott versöhnen. Die Gäste waren einfach dankbar gewesen. Keiner hatte bemängelt, dass sich auf den Schirmen der Firmenaufdruck einer Apotheke befand. Zu Sabrinas Freude, hatte die lokale Apotheke viele Regenschirme als Werbegeschenke auf Lager gehabt.

Unvergesslich war auch noch die Bootsfahrt auf dem Hallstättersee gewesen. Auch diese hatte im Juni stattgefunden. Bei ihrem Vorbereitungsbesuch hatte sie damals alle Details förmlich vor sich gesehen. Den strahlend blauen Himmel und das gleißende Sonnenlicht und die fröhlich plaudernden Gäste, die mit einem Glas gut gekühlten Sekt in der Hand, die schöne Aussicht genießen würden.

„Nun, der Mensch denkt und Gott lenkt", war der Gedanke, den Sabrina gehabt hatte, als sie sich am Veranstaltungstag in eine flauschige Decke einhüllte.

Bei zirka Null Grad und strömendem Regen hatte der Glühwein aus den weihnachtlichen Keramikbechern dann aber auch allen gut geschmeckt und für gute Stimmung an Bord gesorgt. Er hatte die Gäste wenigstens von innen gewärmt. Noch dazu hatte es sich um Russen gehandelt, die noch viel schlimmere Wetterverhältnisse gewohnt waren.

Die Becher, auf denen bärtige Nikolausgesichter mit roten Backen abgebildet waren, hatten bei Sabrina allerdings bleibende Eindrücke hinterlassen. Sie erinnerten sie daran, dass Mutter Natur den Perfektionisten jederzeit vor Augen führen konnte, wo es wirklich langgeht.

Kapitel 8

Prinzessin, kleines Biest oder Schmusekatze?

Sabrina war ein wenig müde, es war ein anstrengender und hektischer Tag gewesen. Ein bisschen Aufheiterung konnte sie jetzt gut gebrauchen. Sie nahm eine Dusche, wickelte sich in ihren kuscheligen Bademantel und holte sich ein Glas Rotwein aus der Küche. Anschließend klappte sie ihren Laptop auf, um zu checken, ob Lukas ihr geschrieben hatte. Unglaublich, wie sehr sie sich an die Kommunikation und den Gedankenaustausch mit ihm gewöhnt hatte.

Im Posteingang war eine neue Mail von ihm. Sie lächelte und öffnete neugierig die nächste Nachricht.

„Hallo Sabrina, ich hoffe, bei dir ist alles okay! Ich wollte dir noch etwas zu unserer Mann-Frau-Diskussion schreiben. Ich hatte so viele schwer verständliche Erlebnisse mit Frauen. Eines Tages habe ich eine Geschichte über die verschiedenen Rollen geschrieben, die ich bei Frauen wahrgenommen habe. Es war irgendwie mein Weg der Vergangenheitsbewältigung.

Nachfolgend schicke ich dir das Märchen, das sehr viele reale Hintergründe für mich hat. Du kannst dir ja mal überlegen, wo du dich einordnen würdest."

„Es waren einmal eine Prinzessin, ein kleines Biest und eine Schmusekatze, die waren auf der Suche nach dem Glück. Die Prinzessin wünschte sich einen Prinzen. Sie war sehr rational und hatte schon viel über die Liebe und die Prinzen nachgedacht. Mittlerweile hatte sie sehr genaue Vorstellungen, wie ihr Prinz denn sein sollte. Er sollte edel, ritterlich, stark, schön, mutig und erfolgreich sein. Er sollte ein gutes Herz haben, liebevoll und treu sein, sie beschützen und unterhalten können.

Der Prinz sollte im Wettstreit mit vielen anderen Prinzen ihr Herz erobern und sie auf seinem weißen Pferd mitnehmen zu seinem prächtigen Schloss.

Nach einigen schlechten Erfahrungen mit "Möchte-gern-Prinzen" war die Prinzessin nun noch anspruchsvoller als früher und im Laufe der Zeit war sie immer vorsichtiger und misstrauischer geworden. Sie hatte eine beachtenswerte Fähigkeit entwickelt, Blender zu enttarnen. Außerdem konnte sie schon nach kurzer Zeit erkennen, in welchen Punkten sich die um ihr Herz Werbenden, von ihrem Traumprinzen unterschieden.

Nach jeder Enttäuschung, die die Prinzessin erlebte, schraubte sie ihren Anforderungskatalog ein Stückchen höher. Nach und nach gab sie einer immer geringeren Anzahl von Bewerbern eine Chance. Immer weniger Kandidaten vermochten es, ihr Interesse zu wecken. Je länger sie suchte und je weniger aussichtsreiche Kandidaten sie fand, desto mehr wuchsen ihre Resignation und ihre Zweifel, den richtigen Prinzen doch noch zu finden, auch wenn sie ihre Hoffnung darauf nicht aufgeben mochte.

Das kleine Biest dagegen war fröhlich und ausgelassen, aber auch ein wenig durchtrieben. Es war schon öfter gekränkt worden und hatte irgendwann beschlossen, den Spieß umzudrehen. Es war geschickt, charmant, verstand es, die Männer für sich zu begeistern. Ja, das kleine Biest spielte gerne mit den Männern und ließ sie gerne nach seiner Pfeife tanzen. Am einfachsten war es mit denjenigen, die in das kleine Biest verliebt waren. Sie machten alles, was das kleine Biest wollte. Sie waren bereit, für ein mitleidiges Lächeln an das Ende der Welt zu gehen und die Sterne zu holen. Das kleine Biest empfand für sie nur eine Mischung aus Mitleid, Stolz und Schadenfreude.

Spannender war es, mit Biest-erfahrenen Männern zu spielen. Das war ein Spiel auf Augenhöhe. Es ging darum, wer sich zuerst in den anderen verliebte und sich für ihn zum Trottel machte. Das kleine Biest liebte es, dieses Spiel zu gewinnen.

Was für ein herrliches Gefühl war es doch, am Ende einen “Möchte-gern-Biest-Bezwinger“ förmlich vor sich auf den Knien zu sehen.

Tief im Innersten jedoch wartete das kleine Biest auf einen Helden, der es bezwingen und bändigen konnte. Einen, der dauerhaft Frieden in sein Leben bringen würde. Dies würde der Richtige für die Ewigkeit sein.

Die Schmusekatze wiederum war sehr emotional. Sie hatte ein gutes Gespür für sich und andere und traf ihre Entscheidungen immer aus dem Bauch heraus. Sie musste nicht lange überlegen oder abwägen, was richtig oder falsch war, sie fühlte es sofort. Sie dachte nicht an die Zukunft, sie lebte im Hier und Jetzt. Sie machte sich keine Gedanken darüber, was der andere wohl wollen könnte, sie spürte es.

Genauso merkte sie es, wenn ihr etwas fehlte. Wenn sie schmusen wollte oder wenn sie Nähe, Wärme, Anerkennung und Liebe brauchte. Aber trotz aller Schmusebedürftigkeit liebte sie ihre Freiheit und Unabhängigkeit. Sie wollte sich frei entscheiden können, für etwas oder gegen etwas, zu jeder Zeit und wollte sich nicht binden oder festlegen lassen. Nicht, dass sie nicht gerne wieder und wieder zu denselben Orten und Menschen ging, sie hasste es nur, nicht frei zu sein in ihren Entscheidungen.

Die Schmusekatze liebte es, sich das zu holen, was sie wollte, von wem sie wollte und so oft sie wollte. Und sie spürte, wenn sie einen Menschen gefunden hatte, der sie verstand, ihre Unabhängigkeit respektierte und ihr das geben konnte, was sie brauchte.

Eines Tages kam ein Jüngling daher und traf auf die Prinzessin, das kleine Biest und die Schmusekatze. Der Jüngling war nett, sympathisch, gutherzig, ehrlich, jung und schön.

Die Prinzessin musterte ihn argwöhnisch. Hatte er ernste Absichten? Taugte er zum Prinzen? Wollte er ihr womöglich das Herz brechen? Sollte sie sich auf ihn einlassen?

Die Prinzessin stellte kritisch fest, dass er ihren hohen Ansprüchen nur zum Teil genügte und dachte daran, dass sie schon viele Kandidaten abgewiesen hatte, die mindestens ebenso geeignet gewesen wären, wie der Jüngling. Sollte sie jetzt nur aus purer Verzweiflung zugreifen und sich womöglich unter ihrem Wert hergeben? Noch dazu, wo die ernsten Absichten des Jünglings noch überhaupt nicht erwiesen waren? Vielleicht ging es ihm ja nur darum, seinen Spaß mit ihr zu haben.
Obwohl die Prinzessin alle Antworten hätte spüren können, wenn sie nur auf ihr Herz gehört hätte, hinderten ihr Verstand, ihr Stolz und ihr Misstrauen sie daran, sich dem Jüngling zu öffnen und es mit ihm zu probieren.

Der Jüngling aber spürte ihre vielen Vorbehalte. Und obwohl er die Prinzessin sehr nett fand und sie gerne näher kennen gelernt hätte, wurde er von ihren hohen Erwartungen abgeschreckt. Ihren Kriterienkatalog konnte und wollte er nicht erfüllen. Aber vor allem war er in diesem Moment nicht bereit, zu geloben, ernste Absichten zu haben und in jedem Falle treu zu sein. Und sie zu seiner Frau zu nehmen, falls sie sich für ihn entscheiden würde. Nicht zu diesem frühen Zeitpunkt, zu dem er sie noch nicht kannte, zu dem sie noch keinen gemeinsamen Abend verbracht hatten, er ihr noch nicht tief in die Augen und in ihr Herz gesehen hatte und er sie noch nicht berührt und geküsst hatte.

Und so wandte er sich enttäuscht von ihr ab. Als er zu dem kleinen Biest kam, musterte dieses ihn voller Begeisterung. Er war eine echte Herausforderung. Ihn um den Finger zu wickeln, würde herrlich werden. Er wäre vielleicht sogar ein ernstzunehmender Gegner. Und falls nicht, würde er zumindest einen weiteren kapitalen Bock in der Trophäensammlung abgeben. Der Jüngling aber hatte schon genug Erfahrungen mit kleinen Biestern gesammelt. Er hatte keine Lust mehr auf dieses Spiel.

Er war offen, ehrlich und fair und wollte auch so auftreten und behandelt werden. Er wusste, wie schwer es sein würde, ein kleines Biest zu bezwingen. Und er wusste auch, dass ein bezwungenes Biest meist nur an guten Tagen befriedet ist und sich an schlechten Tagen, wenn er Hilfe nötig hätte, wieder auflehnen würde. Auf dieses Spiel, auf diesen Kampf, auf die vielen Wunden hatte er keine Lust.

Und so wandte er sich der Schmusekatze zu. Als er auf die kleine Schmusekatze traf, fühlte er sich sofort verstanden. Sie war ehrlich, authentisch und sie lebte im Hier und Jetzt. Sie hatte keinen Kriterienkatalog und wollte keine Versprechen von ihm. Das einzige, was sie wollte, war zu spüren, dass er sie verstand. Dass er es ehrlich mit ihr meinte und sie nicht einfangen wollte, sondern ihre Freiheit und Unabhängigkeit respektierte.

Es war ihr egal, ob er der Richtige für die Ewigkeit war. Er war perfekt für diesen Augenblick und das war es, was zählte. Und es spielte keine Rolle, ob sie einen schönen verschmusten Abend, eine Woche oder ein Jahr gemeinsam verbringen würden. Sie wusste, wenn es gut tat und sich gut anfühlte, war es auch gut und richtig.

Und der Jüngling wusste es auch, schließlich steckte auch in ihm ein kleiner Schmusekater. Und so war die Schmusekatze die Einzige, die eine schöne Zeit mit dem Jüngling hatte, während die Prinzessin und das kleine Biest traurig auf ihre nächste Chance warten mussten."

Sabrina konnte gar nicht anders, als sofort zurückzuschreiben: „Du bist ein Wahnsinn, lieber Lukas. So schön und so wahr. Ich realisiere gerade, dass mir ein Mann noch nie eine selbst geschriebene Geschichte geschickt hat. Dankeschön dafür, ich bin total berührt! Und wenn ich ehrlich bin, stecken wohl 50 Prozent Prinzessin, 40 Prozent Schmusekatze und 10 Prozent Biest in mir. Der Anforderungskatalog hat mich sehr nachdenklich gemacht. Es scheint, es wäre eine gute Idee auf 100 Prozent Schmusekatze umzusteigen. Ich weiß allerdings nicht, ob das mit meinem Alter noch möglich ist."

Lukas, der auch gerade online war, antwortete ihr unverzüglich: „Freut mich, dass dir die Geschichte gefällt.

Irgendwann haben mich die Prinzessinnen so genervt, dass ich meinen Frust in einer Geschichte loswerden musste.

Die Schmusekatze könntest du noch schaffen, spätestens bei meinem Seminar. Eventuell gebe ich auch Einzelunterricht."

„Ja, ich überlege mir das mit dem Unterricht", erwiderte Sabrina lachend. „Das glaube ich, dass dir der Einzelunterricht gefallen würde."

Und sie setzte fort: „Es ist sehr interessant, so eine Geschichte von einem Mann zu bekommen. Speziell die Beschreibung der Prinzessin kommt mir vor, wie wenn du mir einen Spiegel hinhalten würdest. Und jetzt frage ich dich mal etwas ganz im Ernst. Wo fängt es denn an, ein "Anforderungskatalog" zu sein?

Ich finde es halt schön, wenn ich mit einem Mann auch lachen kann. Und ja, ich habe ein Faible dafür, dass jemand die deutsche Sprache kann und es krampft mich ein, wenn er gerne "spatzieren" geht. Und diese Liste geht natürlich endlos weiter."

Sabrina seufzte und ergänzte: „Eigentlich habe ich das bis jetzt normal gefunden, dass man Vorstellungen von dem hat, was einem wichtig ist. Aber letztendlich ist es dann wirklich ein Anforderungskatalog."

„Ich denke, selbst wenn eine Frau denjenigen findet, der alle ihre rational aufgestellten Kriterien erfüllt, ist das keine Garantie, dass sie mit demjenigen auch glücklich wird.

Viel wahrscheinlicher ist, dass sie im Laufe der Zeit auch an diesem Kerl ein Haar in der Suppe entdeckt und feststellt, dass der Anforderungskatalog doch noch Lücken hatte. Vielleicht wäre es einmal den Versuch wert, etwas anderes auszuprobieren. Diese Frau könnte sich bei zehn Männern, die sie mag, einfach in den Arm legen und das machen, was sich für sie selbst am besten anfühlt. Ich spreche nicht unbedingt von Sex, ich meine das ganz generell. Vielleicht erlebt sie bei diesem Experiment sogar eine Überraschung. Vielleicht fühlt es sich mit dem Mann am besten an, von dem sie es am wenigsten erwartet hat. Und möglicherweise macht es mit dem Mann, zu dem sie sich sexuell hingezogen fühlt, am wenigsten Spaß."

Und nach einer kleinen Pause setzte Lukas fort: „Vermutlich steht eine Frau auf der Suche nach dem Glück vor zwei Hürden. Erstens, ihr Herz so weit zu öffnen, wie es gefahrlos für sie möglich ist und das zu tun, was sich für den Moment am besten anfühlt. Und zweitens, wenn sie hinreichend sicher ist und echtes Vertrauen hat, ihr Herz ganz zu verschenken.

Mit den meisten wird eine Frau es nicht schaffen, über die erste Hürde zu kommen. Und aus Erfahrung glaube ich, dass sie vermutlich nur mit ganz wenigen Männern die zweite Hürde packen wird. Aber es macht wenig Sinn, beide Hürden auf einmal nehmen zu wollen."

„Ja, das kann sein, dass das so ist. Lukas, ich bin müde.

Ach ja, eines wollte ich dich noch fragen. Sind Frauen auch "Sternzeichen-hörig"? Ich meine, suchen sie sich ihren Partner nach dem Sternzeichen aus? Ich hatte da gerade ein Erlebnis der besonderen Art."

„Ja, es gibt schon Frauen, die an diesem Thema interessiert sind. Bis jetzt war das aber noch nie ein Problem."

„Verstehe, gute Nacht, Lukas!"

„Gute Nacht, Sabrina und bis bald!"

Kapitel 9

Ein orientalischer Prinz aus 1001 Nacht

„Ich bin sicher, dass sich hinter diesen Fotos eine hinreißende Frau verbirgt. Du hast dir so viel Zeit genommen und ein derart schönes, ausführliches und humorvolles Profil geschrieben. Bitte melde dich. Ich möchte dich so gerne kennenlernen“, schrieb ein Erol, der 45 Jahre alt war.

Sabrina sah sich seine Fotos an. Sie zeigten Erol in blauen Jeans und einem weißen Hemd. Er war sonnengebräunt, hatte sehr dunkle Haare, einen Dreitagesbart und einen ziemlich unwiderstehlichen Blick.

Anschließend richtete sie ihre Aufmerksamkeit auf die zweite Aufnahme am Pool. „Wow, ein sportlicher und sehr athletischer Typ“, dachte Sabrina und musste anerkennend lächeln.

Doch obwohl sein Deutsch perfekt zu sein schien, löste seine Nachricht bei Sabrina ein bisschen Skepsis aus. Sie erinnerte sich an Erzählungen von Freundinnen, die mit einigen Männern südländischer Herkunft negative Erfahrungen gemacht hatten. Sabrina hielt jedoch generell nichts von Pauschalverurteilungen. Letztendlich kam es immer auf den einzelnen Menschen an.

Erol hatte gesehen, dass sie seine Nachricht gelesen hatte und setzte rasch nach. „Bitte gib mir doch die Chance eines Kennenlernens. Mir gefällt dein Profil. Es hat mich total neugierig gemacht. Wenn ich dir nicht sympathisch bin, werde ich mich unverzüglich zurückziehen“, versicherte er ihr und fragte gleich äußerst direkt: „Gefalle ich dir denn gar nicht?“

„Doch“, dachte Sabrina. Er gefiel ihr sogar sehr. Sie hatte den mediterranen Typ schon immer gemocht.

„Was soll es“, meinte sie schließlich. „Vielleicht entwickelt sich einfach eine nette Korrespondenz.“

Sabrina entschloss sich spontan, doch ein paar Zeilen zurückzuschreiben. Von dem Moment an wurde sie förmlich eingelullt von ihm. Er bezauberte sie mit charmanten Worten und humorvollen Nachrichten, die er ihr am laufenden Band übermittelte.

In Kürze eroberte Erol auch ihr Handy und schickte eine Nachricht nach der anderen.

Sabrina fühlte sich an ihre Teenagerzeit zurückerinnert. Ein Herz nach dem anderen flog durch die Gegend und landete auf ihrem Handy. Nette Worte, lustige Emojis und elektronische rote Rosen.

Erol vermittelte Sabrina den Eindruck, als ob sie permanent in seinen Gedanken wäre. Immer gab es irgendetwas, womit er sie erfreute und zum Lachen brachte. Wenn sie im Auto unterwegs war, mahnte sie dieser sympathische Mann, vorsichtig zu fahren und auf sich aufzupassen.

Er schickte ihr die Links zu seinen Lieblingsliedern auf das Handy und wollte alles über ihre Vorlieben erfahren.

Obwohl Erol in Deutschland weilte, war er unglaublich präsent. Er erzählte ihr, dass er früher Profifußballer gewesen war. Anschließend vermittelte er Spieler an Clubs und bekam satte Provisionen für die Transfers. Doch das Geschäft lief nicht mehr so gut. Deshalb hatte er nun den Plan, in Istanbul ein Kaffeehaus aufzumachen. Nach einer gezielten Suche hatte Erol ein Lokal gefunden, das seinen Kriterien entsprach und war emsig mit den Vorbereitungen beschäftigt. Er hatte viele Kontakte in Istanbul und sein Wirtschaftsstudium, das er in Berlin absolviert hatte, gab ihm den Background, um so ein Projekt optimal planen zu können.

Am Telefon war er herzlich, höflich und zuvorkommend. Sein Deutsch war perfekt. Sabrina unterhielt sich gerne mit ihm über die unterschiedlichsten Themen.

Manchmal schickte er ihr auch schöne Aufnahmen von Istanbul. Sabrina mochte diese Stadt am Bosporus unheimlich gerne. Sie war schon viele Male privat in dieser Traumstadt gewesen und hatte auch schon Firmenevents dort organisiert. Sie liebte es, einfach am Bosporus zu sitzen und zu genießen. Besonders im Hotel Kempinski oder besser gesagt in der kleinen Bar, die direkt am Ufer lag. Von dort hatte man einen wunderbaren Blick auf die vorübergleitenden Boote und Schiffe.

Gelegentlich schickte Erol auch aktuelle Fotos von sich, die ihn im Alltag oder beim Sport zeigten.

„Du erinnerst mich ein bisschen an einen orientalischen Prinzen aus dem Märchen 1001 Nacht", schrieb Sabrina eines Tages. „Das würde ich sehr gerne für dich sein", antwortete Erol prompt. Und auf einmal verschwamm das Display ihres Handys. Ihr wurde nicht schwarz, sondern gelb vor Augen. Erol hatte soeben 175 Kuss Emojis geschickt – einen Kuss für jeden Zentimeter ihres Körpers.

„Wie kann ein Mensch bloß auf so hinreißende Ideen kommen", fragte Sabrina sich.

Erol bezauberte sie jeden Tag aufs Neue. Er ließ sie teilhaben an seinem Alltag und bat Sabrina eindringlich, doch endlich Skype auf ihrem Computer zu installieren, damit sie besser miteinander kommunizieren konnten. Sabrina hasste es, sich mit Technik und Installationen am PC auseinanderzusetzen. Sie verschob dieses Unterfangen einige Male, doch Erol ließ nicht locker.

„Sabrina, ich möchte endlich live deine Augen und dein bezauberndes Lächeln sehen", überredete er sie hartnäckig.

Nach einiger Zeit raffte Sabrina sich auf und war positiv überrascht, wie einfach diese Installation für sie gewesen war.

Noch am gleichen Tag war sie mit Erol über Skype verbunden. „Toller Typ, noch fescher als am Foto", dachte Sabrina. Manchmal vergaß sie regelrecht, dass sie ihn nur am Monitor sah. Sie hatten eine derart herzliche und vertraute Art der Kommunikation miteinander, dass es Sabrina vorkam, wie wenn sie sich in einem Kaffeehaus gegenüber sitzen würden.

Sie blieben in regem Kontakt. Dann teilte Erol ihr plötzlich mit, dass er finanzielle Probleme hatte. Sein Anwalt hatte ihn informiert, dass er die Provision für einen Spielertransfer nicht erhalten würde, da der Verein in Konkurs geraten war.

In Sabrina schrillten die Alarmglocken. Zwei Freundinnen hatten sie vor attraktiven Männern mit Abzock-Methoden gewarnt. „Erol würde doch nicht etwa auf die Idee kommen, sie um Geld anzupumpen?", schoss es Sabrina durch den Kopf.

Oh doch, Erol hatte genau dies und nichts anderes im Sinn.

Er kam sogar ziemlich rasch zur Sache: „Sabrina, du musst mir helfen. Ich habe doch sonst niemanden, dem ich vertrauen kann. Ich hatte fest mit dieser Summe gerechnet und mir Geld für das Kaffeehaus ausgeborgt."

Sabrina war einerseits perplex und andererseits wollte sie wissen, wie weit er gehen würde. „Um welche Summen geht es hier?", fragte sie ihn leise.

„Ich brauche € 50.000,-, aber es würde mir auch helfen, wenn du mir einen kleineren Betrag überweist. Ich wäre dir wirklich sehr dankbar", antwortete Erol.

„Das fällt ja direkt in die Rubrik "noble Zurückhaltung", wenn es auch ein kleinerer Betrag sein darf", dachte Sabrina ein wenig sarkastisch und schüttelte ungläubig den Kopf. Die Situation kam ihr vor, wie wenn sie in einem schlechten Film gelandet wäre.

Ganz sicher würde sie sich von Erol mit diesem Thema nicht immer wieder belästigen lassen. Sie suchte nach einem Weg, ihn rasch und endgültig aus ihrem Leben zu entfernen. Eine Notlüge musste her.

Bedauernd sagte sie: „Du, das tut mir echt leid, aber ich habe keinerlei finanzielle Reserven. Ich weiß noch nicht einmal, wie ich die Reparatur von meinem Auto bezahlen soll, das gerade in der Werkstatt steht."

Sabrina hatte offenbar genau die richtigen Worte gefunden. Der Prinz tauchte unverzüglich im Orient ab.

Kapitel 10

Zuhause im Glück

Sabrina hatte den "orientalischen Prinzen" rasch abgehakt und machte es sich auf ihrem Sofa gemütlich. Zugegeben, bei der Gestaltung ihres Hauses konnte sie Brigittes deutlichen Hinweis auf Perfektionismus sehr gut nachvollziehen.

Das gesamte Haus war innen zunächst einmal weiß und dann Zimmer für Zimmer in der endgültigen Farbe ausgemalt worden. Anschließend kümmerte Sabrina sich sukzessive um die optimale Farbgestaltung und das perfekte Design. Mit Akribie suchte sie jeweils den perfekten Vorhang aus, der dem Raum seine ganz spezielle Ausstrahlung gab. Ergänzt wurde er durch die farblich passende Kordel, die ihn zur Seite raffte und den Blick auf die Landschaft freigab. In der Folge machte sie den idealen Teppich, die am besten passende Stehlampe, Bilder und andere Accessoires ausfindig. Sabrina hatte nie ein Problem damit gehabt, über Monate und manchmal auch über Jahre hinweg, nach der idealen Lösung zu suchen.

Bei der Planung der Küche hatte sie mit dem Boden angefangen. Nicht gewollt, Sabrina stolperte förmlich darüber. Als sie die italienische Mustertafel im Fliesengeschäft entdeckte, wusste sie sofort, dass dies die perfekten Fliesen für ihre Küche waren. Phantastische Landhausfliesen in Terrakotta, die ungleichmäßig gearbeitet waren, Gebrauchsspuren aufwiesen und antikes Flair verbreiteten. Und dazu passend entschied sie sich für eine cremefarbene Landhausküche und einige antike Stücke.

Sabrina hatte ein gutes Händchen für Innenraumgestaltung, Farben und Kontrastpunkte. Jeder Raum, den man betrat, verströmte Harmonie und Behaglichkeit.

Sie liebte warme Farben und kombinierte moderne Möbel mit Antiquitäten.

Im Wohnzimmer luden die gemütlichen braunen Möbel aus Rattan zum Verweilen ein. Große, cremefarbene Leinenkissen sorgten für angenehmen Sitzkomfort.

Auf mehreren kleinen Abstelltischen und Regalen befanden sich dekorative Vasen, Uhren und andere Lieblingsstücke von Sabrina, die sie auf Flohmärkten und in Antiquitätenläden ergattert hatte.

Ein regelrechter Hingucker befand sich im Esszimmer. Der Esstisch war eines ihrer absoluten Lieblingsstücke und ein Unikat. Auf zwei Standfüßen aus Sandstein, die mit prachtvollen Ornamenten verziert waren, thronte eine massive, ovale, grünliche Glasplatte, die reichlich Platz für Gäste bot.

Auch das Badezimmer war ein Traum. Glänzende kobaltblaue und weiße Fliesen gaben hier den Ton an. Die Handtücher und Bodenmatten waren im Farbton exakt darauf abgestimmt. Selbst die blaue Schale mit Muscheln und Dekorationsstücken, die frische Meeresluft verbreiteten, passte genau dazu.

Sogar die Seife war Teil der Gesamtkomposition – sie hatte denselben orangen Farbton, wie die Blütenstempel der Fliesen-Bordüren. Welche Farbe hätte sie sonst haben sollen? Blau oder Weiß wäre undenkbar gewesen, hier war ein Kontrastpunkt erforderlich. Für Sabrinas Schönheitsempfinden musste es ganz genau so und nicht anders sein.

War das jetzt Perfektionismus oder war es Liebe zum Detail?

Kapitel 11

Auf der Couch

Neugierig öffnete Sabrina am Abend ihren Laptop. Sie hatte es sich mit einem Campari Orange gemütlich gemacht und konnte es kaum erwarten, die aktuellsten Neuigkeiten von Lukas zu erfahren. Und schon sah sie seine Nachricht.

„Hallo Sabrina, ich fühle mich so elend. Ich habe vor kurzem eine attraktive Frau aus Hamburg kennengelernt, die sehr anspruchsvoll und leider komplett kopfgesteuert ist. Da wir uns trotzdem gut unterhalten hatten, haben wir ein Date vereinbart.

Was soll ich dir sagen, ich war auf ein Date mit einer netten Frau eingestellt gewesen. Ich hatte mir ein frisches Hemd angezogen und ein gutes Rasierwasser verwendet. Irgendwie in freudiger Erwartung auf ein nettes Treffen. Und plötzlich ist alles aus dem Ruder gelaufen. Ich hatte sie mit einem Küsschen begrüßen wollen, das sie verweigerte. Sie ist vom ersten Moment an, auf Distanz zu mir gegangen.

Sie hat mich so dermaßen über meine private Situation ausgequetscht, dass ich das Gefühl hatte, ich liege auf der Couch von einer Psychotherapeutin. Innerhalb von kürzester Zeit hat sie alle meine wunden Punkte getroffen. Und ich habe es nicht geschafft, das Gespräch auch nur annähernd in eine Date-ähnliche Richtung zu lenken. Herausgekommen ist letztlich eine schonungslose Auseinandersetzung mit meiner eigenen, nicht gerade erfreulichen, Realität.

Alle Themen, die mir ohnedies so zu schaffen machen, hat sie genüsslich ans Tageslicht gezerrt und hinterfragt. Dabei sah sie mich mit ihren kühlen, stahlblauen Augen an, die nur Härte ausstrahlten. Die Augenbrauen waren fast permanent hochgezogen und schienen fast hinter ihrem Haaransatz zu verschwinden. Es schien mir, sie war erstaunt darüber, dass ein Mensch wie ich, überhaupt existieren konnte.

Und das Tempo der Fragen erinnerte mich an ein Maschinengewehr: „Weshalb ist deine Ehe gescheitert? Wieso bist du so passiv? Warum hast du noch immer keinen Job? Was läuft sonst noch schief in deinem Leben?“

Abschließend hat sie mir eine detaillierte Analyse meines Verhaltens in bestimmten Situationen gegeben. Ich denke, ich kam gar nicht dazu, ihr auch nur eine einzige Frage zu stellen, so dermaßen hat sie mich vor sich her getrieben.

Eigentlich war es schlimmer, als bei einer Psychotherapie, denn so eine Sitzung dauert ja nur eine Stunde, soviel ich weiß. Sie hat mich aber zwei volle Stunden ausgefragt und ich war unfähig, mich auch nur eine Sekunde dagegen zur Wehr zu setzen.

Am Ende der zwei Stunden war für mich klar, dass ich ein totaler Versager bin und es nicht geschafft habe, auch nur irgendetwas Vernünftiges aus meinem Leben zu machen. Da war weder Freundlichkeit, noch Mitgefühl ihrerseits. Ich denke, die hat schon zu Lebzeiten eine Organspende gemacht und schafft es offenbar problemlos, auch ohne Herz weiterzuleben. Diese beinharte Analyse meiner Persönlichkeit war kaum zu ertragen.“

„Lukas, das tut mir leid, das hört sich ja schlimm an. Ich frage mich nur, was jemanden dazu bringt, so mit einem anderen Menschen umzugehen. Vielleicht ist sie selbst total frustriert und fühlt sich ein bisschen besser, wenn sie einen anderen komplett fertig machen kann.“

„Das könnte sein. Ich war so erleichtert, wie dieses Date vorbei war.“

„Das kann ich mir denken.“

„Ich bin froh, dass ich noch eine andere Frau kennengelernt habe, sonst hätte ich mich nach diesem Erlebnis wahrscheinlich für ein lebenslängliches Single-Dasein entschieden.

Diese andere Frau war das komplette Gegenteil, eine richtige Gefühlsfrau. Mit ihr hatte ich einen schönen Austausch über unsere Vorstellungen, Liebe und Gefühle. In diesen Unterhaltungen waren wir wirklich auf einer Wellenlänge. Dann habe ich sie allerdings angerufen und der ganze Zauber war mit einem Schlag weg. Aber das ist normal. Jeder nächste Schritt bringt dich der Realität näher und kann der letzte sein. Doch das ist okay, denn die Unterhaltung mir ihr hat mir trotzdem Spaß gemacht und dass es nicht für mehr gereicht hat, das ist nun mal so.

Die Partnersuche im Online-Dschungel hat eben ihre eigenen Regeln. Im richtigen Leben ist meine "Trefferquote" meist höher. Da sieht man sich erst in die Augen, findet sich sympathisch, verbringt Zeit miteinander, unterhält sich und erzählt sich persönliche Dinge. Und hier ist es meistens genau umgekehrt."

„Ich ziehe auch das richtige Leben vor, aber Mr. Right lehnt halt auch nicht an jeder Ecke."

„Was suchst du denn eigentlich?"

„Den berühmten Mann fürs Leben."

„Das ist schon klar, aber wie soll er sein?"

„Ein Mensch, der mich berührt, mit seinen Worten, seiner Stimme, seinen Augen und seinem ganzen Wesen. Ein Mann, der in allen Belangen wirklich zu mir passt und irgendwie ist das nicht einfach."

„Stimmt, es ist nicht einfach."

„Vor kurzem ist ein "orientalischer Prinz" aufgetaucht. Zuerst haben wir einander mit großer Intensität geschrieben. Dann habe ich ihn beim Skypen erlebt, mit seiner angenehmen Stimme und der lebhaften Mimik. Er hatte eine Art, mich anzuschauen, wie mich noch nie ein Mann angesehen hat, einfach toll, echt unbeschreiblich. Sein Lachen war mir so vertraut, als wäre es schon immer um mich gewesen, da fühlte sich nichts fremd an. Es war der blanke Wahnsinn, wir haben uns allen Ernstes Küsse zugeworfen. Von Bildschirm zu Bildschirm, stelle dir das einmal vor.

Fast wären wir beide mit dem Mund an unseren Bildschirmen geklebt. Bei diesem Gedanken ist ein Bild in mir aufgetaucht. Und zwar von diesem Fisch, der mit seinem Maul, wie mit einem Saugnapf, an der Scheibe vom Aquarium klebt.

Mich hatte es wirklich kräftig erwischt. Der Anforderungskatalog war Schall und Rauch, die Länderproblematik kein Thema mehr."

„Das klingt doch so, als ob sich die Schmusekatze mal richtig ins Abenteuer stürzen kann. Nur im Hier und Jetzt genießen, Ausgang ungewiss, einfach herrlich. Ich realisiere nur gerade, dass du die Vergangenheitsform verwendest."

„Er ist Vergangenheit! Der "Prinz" hat offenbar geglaubt, dass mein Hirn komplett aussetzt, wenn er mein Herz anspricht. Er wollte, dass ich ihn finanziell unterstütze. Ich muss gestehen, dass ich einigermaßen sprachlos war."

„Das kann ich mir vorstellen. Nicht gerade eine sehr aufbauende Episode. Bin mir sicher, da kommt etwas Besseres nach."

„Lukas, das ist zu hoffen, denn unerfreulicher kann es ja kaum werden."

„Wir bleiben aber dran und geben nicht auf!"

„Na klar, es ist nur eine Frage der Zeit, bis die Richtigen auftauchen.

„Sabrina, ich muss morgen sehr früh raus. Werde mich daher jetzt verabschieden. Bis bald!"

„Alles klar. Bis bald, Lukas!"

Kapitel 12

Koordinaten zum Glück

Erst am Vortag hatte Sabrina das Hintergrundbild ihres Profils auf der Partnerbörse geändert. Sie hatte die idyllische Landschaft gegen ein Segelboot in voller Fahrt ausgetauscht und auch den Text der Sprechblase verändert. „Hier gibt es einen Schatz zu bergen“, stand da jetzt verheißungsvoll. Denn das war sie, ein absoluter Schatz. Diesbezüglich hatte Sabrina nicht den geringsten Zweifel.

Und schon gab es die erste Reaktion darauf. Ein Mann namens Thomas hatte ihr bereits geantwortet: „Sehr gerne, wenn du mir deine Koordinaten gibst, ich bin Schatzsucher. Bitte um deine Telefonnummer, ich rufe dich gerne an.“

Das klang zwar sehr kurz, doch irgendwie sympathisch. Sie schickte ihm ihre Nummer und schrieb: „Freue mich auf deinen Anruf.“

In der Mittagspause läutete ihr Handy und eine angenehme Männerstimme meinte lachend: „Also, die Koordinaten passen schon mal ganz hervorragend.“

Sabrina erwiderte schmunzelnd: „Wie sollst du denn sonst den Schatz finden?“

Eine Viertelstunde lang unterhielten sie sich angeregt und lachten viel miteinander.

„Was hältst du denn von einem persönlichen Treffen, eventuell im DC Tower heute um 20:00 Uhr?“, fragte Thomas schließlich.

Still und heimlich fragte Sabrina sich: „Welcher der zahlreichen Türme in Wien ist der DC-Tower?“

Doch ganz gleich, sie wollte sich keine Blöße geben und nahm sich vor, anschließend das Internet zu befragen. Offenbar gab es da eine Bar mit einem ganz phantastischen Ausblick über Wien. Thomas meinte abschließend: „Bitte sei pünktlich, ich hasse es, zu warten.“

„Okay, bis später!“

Sabrina beschloss das Büro ausnahmsweise etwas früher zu verlassen. Sie wollte sich noch die Haare waschen und hatte noch nicht die geringste Idee, was sie anziehen sollte.

Zuhause angekommen schamponierte sie ihre Mähne und duschte ausgiebig. Sie wickelte sich ein Handtuch um die nassen Haare und formte einen Turban. Noch leicht tropfend lief sie zum PC, um sich die genaue Adresse herauszusuchen.

Kaum hatte sie diese gefunden, verzog sie genervt die Mundwinkeln: „Na, klar, am anderen Ende der Welt, der DC Tower ist in der Donaustadt“, murrte sie ein wenig ungehalten.

Zum einen bedeutete dies eine lange Anreise, zum anderen bot diese Location viel Potenzial, um sich zu verfahren.

„Egal, irgendwie werde ich das schon finden. Ich habe ja ein Navi, das wird mich schon verlässlich hinbringen“, tröstete sich Sabrina.

Sie checkte noch ihre Mail und sah, dass Thomas sein Foto für sie freigegeben hatte. Ihr Typ war er sicher nicht, eindeutig zu korpulent. Sie erinnerte sich an seine Erzählung am Telefon, dass er jeden Tag einen Berg hochlief.

„Schwer vorstellbar, dass man mit so einer Körperfülle ein derartiges Unterfangen bewältigen kann, ohne dabei tot umzufallen“, dachte Sabrina verwundert.

Sie war etwas desillusioniert. Es wäre ihr lieber gewesen, das Foto nicht gesehen zu haben, denn das Bild passte überhaupt nicht zu der lebhaften Stimme am Telefon.

Sabrina war trotz der kleinen Enttäuschung danach, sich mal richtig in Schale zu werfen. Sie entschied sich für ein ärmelloses, pinkfarbenes Kleid. Es war zwar draußen etwas frisch, aber sie würden ja in einer gemütlichen Bar sitzen. Dafür war dieses Kleid genau richtig und sie hatte Lust, es wieder mal zu tragen.

Sabrina kleidete sich an, schminkte sich und bürstete ihre wallende Mähne. Dann verließ sie das Haus und ging zu ihrem Auto.

Rasch tippte sie die Adresse des DC Towers am Display ihres Navis ein. Sabrina hatte noch eine Viertelstunde zusätzliche Zeitreserve eingeplant.

Nach zirka vierzig Minuten war Sabrina in der Nähe des DC Towers. Das Navi leitete sie jetzt in eine Unterführung. Sabrina stänkerte: „Na toll, jetzt ist der Empfang weg. Bei welcher Ausfahrt muss ich jetzt raus? Ups, das wäre die richtige gewesen."

Sie war allerdings flott daran vorbei gerauscht. „Selber schuld. So ein Mist, wenn das Navi dann nicht funktioniert, wenn man es dringend braucht. Okay, jetzt raus hier aus diesem endlosen Tunnel", dachte sie und wurde ein wenig nervös, weil sie viel Zeit verloren hatte.

Das Navi hatte zwischenzeitlich den Satelliten gefunden und war wieder einsatzbereit. Sabrina legte das letzte Stück zurück. Endlich war der DC Tower zum Greifen nah. Sabrina bog ab und spähte nach Parkplatzmöglichkeiten.

„Eh klar, nur ein Parkhaus", maulte sie innerlich vor sich hin. Sabrina hatte generell kein gutes Orientierungsvermögen. Sie hasste Parkhäuser genauso, wie die verzweifelte Suche nach dem Auto, wenn dieses nicht dort stand, wo sie es ursprünglich vermutet hatte. Sie fühlte jedes Mal grenzenlose Dankbarkeit, wenn sie schließlich fündig wurde.

Sabrina lenkte ihr Auto in das riesige Parkhaus und zog das Parkticket aus dem Automaten. Sie parkte ein und dachte: „Ein echter Albtraum ist das hier. So viele verschiedene Ausgänge. Alles sieht hier gleich aus und das ist total verwirrend!"

Während Sabrina noch überlegte, welche der Türen wohl die richtige war, um zum besprochenen Foyer zu kommen, streifte ihr Blick ihre Armbanduhr. Sie schnaubte innerlich: „Verdammt, schon eine Viertelstunde zu spät." Sie verließ das Parkhaus, stand auf einer riesigen Plaza und fragte sich, welchen Weg sie einschlagen sollte. Nach kurzer Überlegung entschied sich Sabrina, um Hilfe zu bitten. Sie rief Thomas an und er dirigierte sie unverzüglich zum vereinbarten Treffpunkt.

Im Foyer ging er Sabrina entgegen – sie hätte ihn nicht erkannt.

Thomas erzählte ihr, dass das Foto auf der Plattform zehn Jahre alt war und er damals auch zwanzig Kilo mehr auf die Waage gebracht hatte. Das erklärte, wie er seine sportlichen Aktivitäten überleben konnte, von denen er Sabrina erzählt hatte.

Dann fuhren sie mit dem Lift in den 57. Stock, in dem sich die Bar befand. Der Blick über Wien war wirklich atemberaubend, doch eine gemütliche Atmosphäre gab es an diesem Abend nicht. Die Türen waren offen und ein kalter Wind sorgte für eine frische Temperatur.

Eine ungünstigere Wahl, als dieses Nichts von Kleid hätte Sabrina kaum treffen können. Dennoch nahmen sie Platz und bestellten zwei Caipirinhas.

Thomas erzählte ihr, dass er früher mit großer Begeisterung Pilot von Verkehrsmaschinen gewesen war und er diese Tätigkeit wegen verminderter Sehfähigkeit aufgeben hatte müssen. Er war wieder in seinen ursprünglichen Beruf als Immobilienmakler zurückgegangen.

Während Thomas von seiner Noch-Ehefrau Bettina erzählte, die als Zahnärztin tätig war, schaute Sabrina ihn aufmerksam an. Thomas war nett, intelligent und attraktiv, aber sie empfand nicht die geringste Anziehung.

„Schade, eigentlich ein netter Typ“, dachte Sabrina. Er war unterhaltsam, brachte sie zum Lachen und ging sogar gerne tanzen.

Er hing allerdings noch voll in seiner Ehe drinnen. Die emotionalen Schilderungen zur Beziehung mit seiner Frau legten diese Vermutung nahe. Zehn Minuten ließ er sich über den neuen Liebhaber seiner Frau aus, den er einfach unmöglich fand. Höchst verächtlich schnaubte Thomas: „Was sie an dem findet, ist mir ein Rätsel. Weder Hirn noch Herz und auch noch erfolglos im Beruf. Sie glaubt, es ist die große Liebe, nur weil er offenbar eine Rakete im Bett ist. Da kann ich wirklich nur den Kopf schütteln."

Dennoch verbrachten sie einen lustigen Abend und genossen die Baratmosphäre und den umwerfenden Ausblick über Wien.

Sabrina erzählte ihm von ihren Orientierungsschwierigkeiten und Ängsten, bei dieser Vielzahl von gleich aussehenden Türen und Zugangsbereichen, ihr Auto nicht mehr finden zu können.

Thomas lachte herzhaft: „Hey, ich bin Pilot, ich finde überall hin, wir finden auch dein Auto."

Drei Stunden und vier Caipirinhas später begleitete Thomas sie galant und ohne Umweg zu ihrem Auto.

Für Sabrina sahen die diversen Gänge und Zugangsmöglichkeiten irgendwie alle gleich aus. Es schien so, als ob er die Koordinaten zur Parkgarage offenbar regelrecht eingebaut hatte, denn er ging zielstrebig und ohne Zögern darauf zu.

Da stand es schon vor ihnen, ihr rotes Auto. Sabrina freute sich, wie immer, wenn sie ihr Fahrzeug in einer Parkgarage wieder vor sich sah. Sie blickte Thomas lachend an und auch ihr Auto. Ein gewisses Glücksgefühl war jetzt in diesem Moment zweifellos vorhanden.

Kapitel 13

Die Beliebtheit von Adleraugen

Wenn Sabrina über das Thema Perfektionismus nachdachte, wurde ihr bewusst, dass sie schon ein spezielles Auge hatte, um Fehler wahrzunehmen. Es war ganz gleich, ob es um das Erkennen von Tippfehlern, unterschiedliche Schriftarten oder die perfekte Farbgestaltung ging. Auch minimalste Farbnuancen konnte sie mühelos ausfindig machen.

Und dann war da natürlich noch ihr Schönheitssinn. Sie dachte an den Tapezierversuch mit ihrem Ex-Partner Christian in der Altbauwohnung seiner Eltern. Das Schlafzimmer, das die beachtliche Raumhöhe von vier Metern aufwies, sollte mit Raufasertapete neu tapeziert werden. Mit den hohen Leitern und endlos langen Tapetenstücken war es Schwerstarbeit gewesen. Endlich hatten sie es geschafft, dass einige Bahnen an der ersten Wand klebten und die Stöße gerade aussahen, obwohl die Wände, wie im Altbau üblich, uneben waren. Doch rasch hatte Sabrina entdeckt, dass die Überlappungen zu groß waren. Ohne lange zu fackeln, hatte sie die Tapetenbahnen von der Wand heruntergezogen, die anschließend nicht mehr zu gebrauchen waren.

Sie erinnerte sich an das völlig entgeisterte und fassungslose Gesicht von Christian. Er hatte sie damals angesehen, als ob der Wahnsinn sie gepackt hatte, doch für Sabrina war absolute Genauigkeit unumgänglich. Sie konnte gar nicht anders. Es war einfach ihr Thema: „Genau, gerade und perfekt."

Die meisten Menschen brauchten einen Maßstab und eine Wasserwaage, um handwerkliche Gegebenheiten auf Exaktheit der Durchführung oder Montage zu überprüfen und viel Zeit, um Schönheitsfehler zu erspähen. Sabrinas Spitzname war

"Adlerauge", denn ihr reichte dafür ein kurzer Blick. Sabrina fiel es ganz leicht, derartige Mängel zu entdecken. Genauso einfach fand sie es, Fehler beim Verfliesen zu finden. Für sie war es ein Rätsel, wieso Fliesenleger nicht über Symmetrie und logische Verlegungsmethoden nachdachten, bevor sie die Fliesen anklebten.

Sie konnte auch nahezu blitzartig ungleichmäßige Stellen bei neu gemalten Decken und Wänden erkennen. Und es stellte für sie nicht das geringste Problem dar, bei aufgeklebten Stuckleisten, neu montierten Regalen oder Lichtschaltern und ähnlichen Dingen, mit freiem Auge zu überprüfen, ob die Positionen exakt und gerade waren. Oft wurde sie von anderen zur Begutachtung gerufen, weil ihrem scharfen Auge fast nichts entging, was nicht perfekt war.

Doch obwohl sie oft nach ihrer Meinung in diesen Belangen gefragt wurde, konnte sie sich manchmal nicht des Eindrucks erwehren, dass Freunde und Familie oft gleichzeitig einen innigen Wunsch hatten: „Möge der Adler doch auf der Stelle zum Vogel Strauß mutieren! Und einfach nicht diese klitzekleinen, fehlerhaften Stellen sehen und dann auch noch ansprechen. Und nicht die minimale Schieflage erwähnen, die durch einen Messfehler entstanden war."

Im Prinzip war ihr schon klar, dass perfektionistische Menschen nicht nur sich selbst ein wenig wahnsinnig machen. Sie schaffen das auch ganz locker mit den Menschen in ihrem Umfeld.

Kapitel 14

Die durchgebrannte Sicherung

Bei all diesen verschiedenen Männern, die kurz auf- und genauso rasch wieder abtauchten, schätzte es Sabrina besonders, mit Lukas einen Menschen zu haben, der einfach da war. Sie liebte den abendlichen Austausch mit ihm und schaute rasch, ob im Posteingang schon eine Nachricht auf sie wartete. Begierig öffnete Sabrina die neueste Mail von ihm.

„Hallo Sabrina, zur Kommunikation zwischen Mann und Frau wollte ich noch einen wichtigen Punkt erwähnen. Die Art, wie Frauen die Themen Liebe und Sex verknüpfen, ist für uns Männer ein Problem. Viele Frauen machen ja direkt oder indirekt die klare Aussage: "Sag mir, dass du mich liebst, dann kannst du Sex mit mir haben." Damit bringt ihr uns Männer in extreme Gewissensnöte. Falls der Mann nicht oder noch nicht verliebt ist, hat er die Wahl. Entweder lügen, um Sex zu haben oder die Wahrheit sagen und keinen Sex zu haben. Am Ende des Tages gibt es dann zwei Gruppen von Männern, die frustrierten Ehrlichen und die gutgelaunten Mistkerle."

„Es gibt noch eine andere Variante, ein Mann, der eine Frau körperlich so total anzieht, dass das Denken aussetzt", schrieb Sabrina rasch zurück.

„Die durchgebrannte Sicherung meinst du? Erzähle doch mal."

„Ja, so ein Typ von Mann, bei dem sich das Gehirn wie von selbst ausschaltet. Ist aber zumindest bei mir leider sehr selten. Mein Favorit war ein Mann, den ich vor vielen Jahren in einer Disco kennengelernt hatte. Ein Bild von einem Mann und ein Body zum Anbeißen. Er hatte blaue Haare und hätte locker als Model agieren können. Unsinn, ich meinte natürlich blaue

Augen, nicht Haare, die Haare waren dunkel. Siehst du, ich brauche nur an den zu denken und das Gehirn ist schon hinüber. Er sah mich an, ich ihn und zwei Minuten später war meine Hand auf seiner Brust."

„Und ich dachte schon, das mit der Durchblutungsstörung im Gehirn, das gibt es nur bei Männern."

„Nein, das gibt es bei uns auch. Leider trifft man nur so wenige Männer, bei denen dieser "Defekt" auftritt. George Clooney ist halt nicht so oft in Wien."

„Stimmt, eine dumme Sache. Heidi läuft auch so selten an mir vorbei. Dabei würde ich ihr sogar einen Kaffee spendieren."

"So wie es ausschaut, müssen wir beide uns nach Ersatzfrau und -mann umschauen. Aber jetzt im Ernst, zumindest bei mir geht es nicht nur um die "schöne Fassade", obwohl ich nichts gegen attraktive Männer habe. Für mich zählen vor allem Ausstrahlung, Persönlichkeit und Energie, die rüberkommen. Wichtig sind mir eine angenehme Stimme, das Lachen, Intelligenz, Humor, Verlässlichkeit, Spontanität, die Art der Kommunikation, Sprachgefühl, Wortwitz und noch so manches andere. Es sind so viele Dinge, die passen sollen."

„Stimmt vollkommen. Weißt du, ich unterhalte mich wirklich sehr gern mit dir. Du bist eine kluge Frau mit einem sehr sympathischen Humor. Ich könnte mir vorstellen, dass du in der Realität auch so sein kannst, wenn du auf den Richtigen triffst. Das wollte ich nur mal so nebenbei gesagt haben."

„Ich unterhalte mich auch sehr gern mit dir! Du bist ein echt netter Typ!"

„Hattest du übrigens ein Date in letzter Zeit?"

„Ja, mit einem Ex-Piloten. Er war aber leider nicht Mr. Right, hat aber mein Auto in der Parkgarage wiedergefunden. Mein Orientierungsvermögen ist nämlich eine glatte Katastrophe."

„Das ist wirklich positives Denken, in allem etwas Gutes zu finden. Gute Nacht, Sabrina."

„Ja, so bin ich. Gute Nacht, Lukas."

Kapitel 15

Südländische Impressionen

„So ein tolles, packendes und humorvolles Profil. Und deine noch verschwommenen Fotos lassen auf eine sehr, sehr attraktive Frau schließen. Würde mich total freuen, von dir zu hören."

Sabrina las die überschwänglichen Zeilen, die Miguel ihr geschrieben hatte. Miguel klang nicht nach einem Österreicher. Sie fragte sich, wo er wohl herkam und besuchte sein Profil. Es klang sympathisch und humorvoll. Die Texte waren nicht in perfektem Deutsch geschrieben, an einigen Stellen musste sie schmunzeln.

Miguel war fünf Jahre jünger als Sabrina. Seine Fotos passten zu seinem Namen. Sie musterte seine Augen, den sehr intensiven, irgendwie herausfordernden Blick, die dunklen, halblangen Haare und seinen Dreitagesbart. Ein athletischer, maskuliner Typ, wahrscheinlich ein Südländer, ein Spanier möglicherweise.

„Einfach mal schauen", dachte Sabrina und schrieb ein paar Zeilen zurück und gab ihre Fotos ebenfalls frei.

„Hallo Sabrina, danke für deine Fotos. Du bist eine hinreißende Frau. Genau so habe ich mir dich vorgestellt. Die Bilder passen perfekt zu deinem Profil. Freue mich, dich kennenzulernen.

Ich erzähle dir mal ein bisschen von mir. Geboren bin ich in Portugal, doch ich lebe und arbeite schon seit mehr als zwanzig Jahren in Wien. Ich bin der Liebe wegen nach Wien gegangen. Es hat aber leider nicht geklappt. Wir haben uns vor zwei Jahren scheiden lassen. Beruflich bin ich Marketing Manager in einer Firma, die Geräte für die Eisproduktion vertreibt. Privat interessiere ich mich für Kunst und Kultur, Bücher, gute Filme und natürlich gutes Essen und Spitzenweine. Ich koche übrigens auch selber sehr gerne.

Und für Frauen interessiere ich mich natürlich auch. Ich hätte gerne wieder eine schöne Beziehung mit einer attraktiven, liebevollen, interessanten Frau, die gerne lacht und sehr unternehmungslustig ist. In einer Partnerschaft ist mir ein liebevolles Miteinander wichtig, Respekt, Wertschätzung und ein höflicher Umgang mit dem anderen.

Was hältst du denn von einem persönlichen Treffen, einem Spaziergang oder einem Glas Wein in einem netten Lokal?"

Sabrina dachte sich: „Beeindruckend, ein Mann, der gleich von Anfang an, so offen kommuniziert, toll." Und unverzüglich machte sie sich an die Beantwortung seiner Nachricht.

„Hallo Miguel, danke für deine sympathische Nachricht. Gefällt mir, was du von dir schreibst. Da haben wir einige Gemeinsamkeiten. Gerne ein persönliches Treffen, dann erzähle ich dir mehr von mir bei einem Kaffee oder einem Glas Wein."

Ein paar Minuten später war Miguel schon wieder in ihrem Posteingang. Diesmal mit einer ganz kurzen Nachricht: „Wann sehen wir uns? Heute Abend?"

„Hoppla, das ist aber ein stürmischer Typ!", dachte Sabrina und antwortete: „Nein, heute kann ich nicht."

Und schon war die nächste Frage da: „Warum nicht?"

Sabrina war irritiert und genervt. Seltsame Art des Kennenlernens. Was ging es einen Wildfremden an, warum sie heute keine Zeit hatte?

So schrieb sie lapidar zurück: „Weil ich schon etwas vorhabe."

Jetzt wurde Manuel erst richtig penetrant. Er verwendete für seine Nachricht nur mehr die Betreffzeile. Obwohl die letzten Nachrichten schon sehr kurz gewesen waren, demonstrierte er nun, dass es noch kürzer ging. Ein Wort nur, aber dafür in energischen, kompromisslosen Großbuchstaben: „HEUTE!"

Sabrina kam aus dem Wundern nicht mehr heraus und antwortete ebenfalls etwas ruppig: „Keine Zeit!“

Kaum hatte sie die Nachricht abgeschickt, hatte Manuel die Taste “Kontakt verabschieden“ gedrückt.

„Echt charmant“, dachte Sabrina.

War das Respekt, Wertschätzung und höflicher Umgang auf Portugiesisch? Nein, wohl eher ein Typ, der auf die Schnelle eine Frau zum Abschleppen gesucht hatte.

Was für ein Glück, dass sie heute keine Zeit gehabt hatte. Kurz stieg Ärger in Sabrina auf, doch dann stellte sie sich die übliche Frage: „Was war das Gute daran?“

Und da gab es viel Gutes zu erkennen: „Vor allem Ärger, Enttäuschung und Zeit erspart!“

Kapitel 16

Der Hausfrauen-Oscar

Sabrina hatte immer noch die Aussage ihrer besten Freundin Brigitte im Ohr: „Du bist Mrs. Perfect, in allem, was du tust!“

Sie saß gerade in ihrer gemütlichen Küche, sah sich um und fragte sich wieder einmal, ob diese Aussage den Tatsachen entsprach. Traf diese Bezeichnung auch in Haushaltsbelangen auf sie zu? Nun, sie hatte es schon gern sauber und gemütlich.

Mit rund 250 Quadratmetern war das Haus ziemlich groß und sie verbrachte viel Zeit damit, es in Schuss zu halten. Da es insgesamt 20 Fenster und Terrassentüren gab, war das Putzen eine gewisse Herausforderung. Im Prinzip hörte man an einem Ende auf und konnte am anderen schon wieder anfangen.

Wenn Sabrina Besuch bekam, war die erste Frage immer: „Wie viele Putzfrauen und Gärtner sind bei dir im Einsatz? Bei dir könnte man ja am Boden essen.“

Das mochte schon so sein, aber warum sollte man das denn tun? Es gab ja ausreichend Sitzgelegenheiten mit Tischen, die weitaus gemütlicher und besser für diesen Zweck geeignet waren.

Sabrina hatte noch nie in ihrem Leben eine Putzfrau beschäftigt und auch der Garten war immer in ihrer eigenen Obhut gewesen. Sie zweifelte, dass ein Fremder die Haus- und Gartenarbeiten zu ihrer Zufriedenheit durchführen würde. Insofern war sie vielleicht in den Haushaltsbelangen eine kleine Mrs. Perfect. Und sie hatte möglicherweise ein paar unbedeutende Eigentümlichkeiten, zum Beispiel beim Bügeln. Ihre Freundin Brigitte hatte ihr vor kurzem erzählt, dass sie ihren Bügelladen schon vor Jahren entsorgt hatte. Sabrina war es ein Rätsel, wie man so durch das Leben kommen konnte.

Gegen den allmählichen Knitterlook im Gesicht, der im Laufe der Jahre entstand, konnte man ohnedies nichts viel tun, wenn man von operativen Maßnahmen mal absah. Doch bei der Kleidung hatte man die Optik selbst in der Hand.

Bei ihr wurde schlicht und einfach alles gebügelt. Sowohl Kleider, als auch Blusen, Shirts, Jeans, Tisch- und Bettwäsche, sogar Spannleintücher und Geschirrtücher.

Sie musste gestehen, dass sie sogar die Staubtücher bügelte. An dieser Stelle lachte Sabrina herzhaft über sich selbst. Zugegeben, das war vielleicht eine etwas schräge Angewohnheit. Der logische Grund war, dass die Tücher so schöner gefaltet und anschließend perfekt in einer Plastikbox gestapelt werden konnten. Zumindest empfand sie das so.

Was für ein Glück, dass Brigitte davon nichts wusste. Ihre möglichen Kommentare hatte Sabrina fast im Ohr. „Nicht einmal daran denken“, schoss es ihr durch den Kopf.

Wenn sie über diesen Punkt nachdachte, würde ihr der Hausfrauen-Oscar vielleicht wirklich zu Recht zustehen.

Kapitel 17

Frauen, die “besseren Männer“

Der Tag war anstrengend gewesen und Sabrina fühlte sich erleichtert, dass er nun zu Ende ging. Sie spülte den Büroärger in der Dusche ab und machte es sich im Bett mit einem Glas Rotwein und ihrem Laptop gemütlich. Jetzt war “Lukas-Zeit“. Die Chats mit ihm waren fast zu einem kleinen Ritual geworden. Ein Highlight des Tages, mit Garantie auf interessante Gespräche, Inspirationen und Spaß.

Sabrina schaltete ihren Laptop ein. Sie war gespannt, was es Neues von Lukas gab und vertiefte sich sofort in seine Zeilen.

„Hallo Sabrina, ich hoffe, dir geht es gut!

Weißt du, was mir heute so richtig klar geworden ist. Ich glaube, dass viele Frauen weder hier, noch sonst wo, ihr Glück finden werden, weil sie bezüglich der Männer ein sehr negatives Bild und sehr negative Gefühle haben.

Sie versuchen krampfhaft einen Mann zu finden, der nicht so ein Mistkerl, wie die anderen ist oder versuchen mit allen Mitteln ihn zu verändern, damit er ihren Vorstellungen von einem guten Mann entspricht. Ich denke, so kann das nicht gutgehen.“

„Hallo Lukas, das sehe ich auch so. Ich glaube, dass es aber auch viele Männer gibt, die sich ihre Partnerinnen zurechtbiegen oder freundlicher ausgedrückt “formen“ möchten, bis von der ursprünglichen Persönlichkeit der Frauen überhaupt nichts mehr übrig ist.“

„Ich finde, wer keine Hunde mag, sollte sich auch keine zulegen. Für Männer gilt das genauso.“

„Ein echter Lukas-Ausspruch – kurz und bündig, ich lache mich kaputt. Was für ein Vergleich!

Ich hatte übrigens gerade ein sehr spezielles Erlebnis. Zuerst bekam ich von einem Neuen eine unheimlich sympathische, offene Zuschrift, die mich richtig begeistert hat. Und ein paar Minuten später hat sich dieser Mann als absoluter Mistkerl entpuppt. Aber ich kann dir versichern, ich wäre niemals auf die Idee gekommen, diesen Menschen verändern zu wollen. Er hatte einfach einen miesen Charakter. Ich war richtig fassungslos. Und es stimmt, von dem habe ich ein sehr negatives Bild, aber ich mache trotzdem keine Pauschalverurteilung von allen Männern."

„Schade, dass es Männer gibt, die Frauen so ein negatives Bild vermitteln. Da kann man schon verstehen, dass Frauen keinen Bock mehr auf Männer haben. Und dass sie sich für eine aggressive Form der Emanzipation entscheiden.

Ich persönlich bin ja auch der Meinung, dass das ein großes Hindernis ist, wenn Frauen in der Beziehung versuchen, die "besseren Männer" zu sein. Das ist ein Hemmschuh für ein wirklich gutes, natürliches und symbiotisches Miteinander zwischen Mann und Frau. Ganz gleich, ob es um große Dominanz, Frauen als Soldaten oder um Frauen beim Boxen geht.

Ich glaube wirklich an die Liebe zwischen Mann und Frau. Auch, dass eine gute, dauerhafte Beziehung zwischen den beiden Geschlechtern möglich ist und männliche und weibliche Seiten sich wunderbar ergänzen können."

„Lukas, du bist ein erstaunlicher Mann. Unfassbar, dass sich ein Mann so viele Gedanken zu diesem Thema macht.

Übrigens, mit deinem Märchen hast du einen wunden Punkt berührt. Mir ist die Einsamkeit der Prinzessin im Turm gerade ziemlich bewusst geworden. Irgendwie fühle ich mich ein bisschen traurig.

Weißt du, was eine Freundin zu mir gesagt hat, der ich von deiner Geschichte erzählt habe? Sie ließ mich wissen, dass sie die Prinzessin und das Biest in mir erkennen kann und meinte, dass die Schmusekatze noch im Dornröschenschlaf liegt."

„Oh weh, man will nicht immer alles hören, was Freunde denken.“

„Nun, sie kennt mich seit mehr als dreißig Jahren und ist eine echte Freundin. Je länger ich darüber nachdenke, desto mehr glaube ich, dass da etwas dran sein könnte.“

„Und selbst wenn es so ist, kann sich das ja verändern.

Da ich die nächsten beiden Tage unterwegs bin, wird jetzt eine kleine Funkstille eintreten. Will mich daher ordnungsgemäß abmelden, damit dann nachher keine Beschwerden kommen, ich hätte dich vernachlässigt.“

„Danke für die Vorwarnung, weiß gar nicht, was ich dann am Abend machen soll, mit der ganzen Freizeit, die da entsteht.“

„Bis bald, Sabrina!“

„Ciao, Lukas!“

Kapitel 18

Strohfeuer mit Verletzungsgefahr

Sabrina war gerade online auf der Partnerbörse, als eine neue Nachricht mit Bildfreigabe und Telefonnummer in ihrem Posteingang auftauchte. Sie überflog die Zeilen von Martin und sah sich das Foto an. Er war Architekt und offenbar Vater von zwei hinreißenden Buben. Der Kleinere von den beiden hatte es ihr sofort angetan. Er kam Sabrina vor, wie die Miniaturausgabe von einem Seeräuber, nur die Augenbinde fehlte. Man schaute ihn an und musste unwillkürlich lächeln. Er wirkte so unglaublich fröhlich mit seinen roten Haaren, den Sommersprossen und seiner Zahnlücke. Der zweite Junge war größer und schaute ernst drein. Und Martin selbst, der im Hintergrund stand, wirkte sympathisch und attraktiv. Er lebte allerdings in Bayern, was ein Kennenlernen schon etwas schwieriger machen würde.

Sabrina bedankte sich rasch für seine ausführliche Mail, gab ihre Bilder frei und schrieb: „Danke für deine Nachricht, total nette Jungs hast du."

„Ja, die sind zuckersüß, sie leben aber leider bei ihrer Mutter in Paris", schrieb Martin rasch zurück.

„Stelle ich mir sehr schwer vor, wie alt sind sie?"

„Ist es auch. Der Kleine ist fast acht und der Große wird im März vierzehn."

„ Wie oft siehst du sie?"

„Zurzeit sehr wenig, das letzte Mal im April."

„Verstehe, nicht einfach. Wenn ich fragen darf, wie lange suchst du schon nach einer Partnerin?"

„Das ist eine schwierige Frage. Ich bin seit Anfang dieses Jahres auf der Plattform, weil ich etwas ändern wollte in meinem

Leben. Ich wollte wieder richtig gemeinsam mit einer Partnerin durch das Leben gehen. So mehr oder weniger Single bin ich seit zirka zwei Jahren. Habe immer wieder mal jemanden kennengelernt und hatte auch weiterhin eine sehr freundschaftliche Beziehung zu meiner letzten Partnerin.

Wie sieht es denn auf deiner Seite aus, wenn ich auch fragen darf?“

„Ja, klar darfst du fragen. Ich habe mich vor zwei Jahren von meinem Partner getrennt. Single gefühlt bin ich seit drei Jahren, wenn du verstehst, was ich meine. Wir waren gute Freunde und das sind wir immer noch. Da kann man sich leicht Dinge vormachen. Aber es hat nichts mehr mit einer Mann-Frau-Beziehung zu tun, wie ich sie mir vorstelle.

Ich suche keinen Mann, nur um nicht alleine zu sein, sondern die große Liebe. Ich hoffe, dass meine Worte nicht dazu führen, dass du jetzt unter Schock stehst?“

„Ich suche nie jemanden, nur um nicht alleine zu sein und ich stehe auch nicht unter Schock. Ich suche jemanden, der sehr feinfühlig und liebevoll ist. Eine Frau, die im Hier und Jetzt lebt.

Möchtest du telefonieren?“

„Ja, gern.“

„Dann melde dich doch einfach bei mir, wenn es für dich passt.“

Sabrina rief Martin an und das Gespräch dauerte zwei Stunden. Es gab so viel zu erzählen. Sie schienen wirklich miteinander auf einer Wellenlänge zu sein.

Schließlich versuchte Sabrina sich loszureißen: „Ich muss jetzt wirklich Schluss machen und in meinem Home-Office ein paar Dinge erledigen.“

Martin schwärmte: „Wow, deine Stimme finde ich sehr, sehr schön, warm, sanft, erotisch, einfühlsam und gefühlvoll und der Inhalt unseres Gesprächs war sensationell. Und deine Bilder gefallen mir wirklich gut. Du sprichst mich als Frau sehr an. Schöne Hände hast du, die fühlen sich bestimmt toll an.“

„Das freut mich. Ja, ich bin ein sehr liebevoller Mensch und ich mag Berührung, emotional und körperlich."

„Weißt du, ich bin ein sehr taktiler Mensch und liebe es sehr, ganz viel Nähe zu meiner Partnerin zu haben. Auf körperlicher Ebene und natürlich auch darüber hinaus.

Deine Nachricht eben, sagst du mir bitte, wann du die geschrieben hast? Jetzt gerade?"

„Ja, vor ein paar Sekunden."

„Wahnsinn, ich denke, du bist auch eine HSP."

„Eine HSP, was meinst du?"

„High Sensitive Person, ein besonders feinfühliger Mensch. Ich habe dir einen Link auf dein Handy geschickt. Mach doch mal den Test der "Zartbesaiteten". Würde mich interessieren, was bei dir herauskommt."

Sabrina war stets ein neugieriger Mensch und immer offen dafür, neue Dinge zu erfahren. Rasch ging sie auf die angegebene Website und studierte die zahlreichen Fragen. Es ging um das Innenleben, Außenreize, Stimmung, andere Menschen, Überforderung, Lärm, Trubel, Konzentrationsfähigkeit, Harmoniebedürfnis und vieles mehr. Sie beantwortete eine Frage nach der anderen und war gespannt auf das Ergebnis.

Nach einer halben Stunde informierte sie Martin kurz und bündig über das Resultat der Auswertung: „HSP 204."

„Wusste ich es doch. Willkommen im Mimöschen-Club!"

„Danke für den herzlichen Welcome. Das ist interessant. Jetzt weißt du gleich, wie du mit mir umgehen musst. Wie schaut denn deine Punktezahl aus?"

„Ich glaube, die ist knapp unter 200. Vielleicht auch minimal darüber. Ich habe mittlerweile einiges über hochsensitive Menschen gelesen. Es war für mich wichtig, mir darüber klar zu werden, wie ich in Gesellschaft damit umgehen kann."

„Ich bin schlimmer als du, das ist ja ein Wahnsinn! Es scheint, dass wir sehr achtsam miteinander umgehen sollten, aber das ist soundso eine gute Idee."

„Ja, das sollten wir tun, Sabrina. Einerseits kann es gut sein, wenn beide HSP sind, es ist aber auch eine Herausforderung."

Am Abend meldete sich Martin nochmals telefonisch bei Sabrina und sie telefonierten drei Stunden miteinander.

„Soll ich dir ein Geheimnis verraten?", fragte Sabrina Martin schließlich.

„Ja, gern Sabrina, aber dann ist es keines mehr."

„Macht nichts. Du bist der dritte Deutsche, den ich im Zuge der Partnersuche kennenlerne. Diese Kontakte waren immer ohne Happy End. Allerdings habe ich mit einem der Deutschen mittlerweile einen sehr netten Kontakt."

„Und nun?"

„Einfach mal schauen, wie du bist."

„Und wie du bist, Sabrina."

„Ich habe ein bisschen den Eindruck bekommen, dass Männer die großen Gefühle suchen, um dann in Panik auszubrechen, wenn sie da sind."

„Ja, das erlebe ich eher in die andere Richtung. Lass uns für heute Schluss machen. Bis morgen Sabrina."

„Okay, bis morgen Martin!"

Der Anfang war vielversprechend gewesen. Sie hatten sich viel geschrieben und zweimal telefoniert. Insgesamt fünf Stunden, da sie viele gemeinsame Gesprächsthemen hatten.

In den folgenden Tagen unterhielten sie sich ausgiebig, lachten viel miteinander und lernten einander immer besser kennen.

Schließlich hatte Sabrina den Wunsch eines persönlichen Kennenlernens. Bayern war ja nicht aus der Welt. Außerdem konnte das Treffen ja auch in der Mitte, zum Beispiel in Salzburg, stattfinden.

Sie nahm ihr Handy und stellte per SMS die Frage der Fragen an Martin: „Hallo Martin, hast du Zeit/Lust mich am Wochenende zu treffen, eventuell in Salzburg?"

Keine Antwort war auch eine Antwort.

Da Sabrina ein Fan von Klarheit war, schickte sie zwei Tage später eine neue Nachricht: „Frage von Mimose eins, an Mimose zwei. Bin ich dir mit meiner direkten, spontanen Frage auf die Füße gestiegen? Der Gedanke war einfach da, dass ich ein Treffen schön fände."

Nach einigen Stunden schickte Martin eine SMS: „Hallo Sabrina, entschuldige, dass ich mich erst heute wieder melde, war arbeitstechnisch etwas geschlaucht und werde auch heute und morgen ziemlich abtauchen müssen.

Dein Vorschlag ist sehr schön und auch verlockend. Ich bin allerdings momentan finanziell nicht ganz so flexibel, dass ich mir das leisten kann. Mit meiner Selbstständigkeit bin ich leider noch nicht ganz über den Berg. Selbst eine Fahrt nach Paris und ein Wochenende bei meinen Kindern kann ich mir zurzeit nicht leisten. Ich bin aber fest davon überzeugt, dass ich das schaffen werde und arbeite weiter daran.

Unsere Gespräche und unser Kennenlernen fand ich bis jetzt sehr schön. Ich muss aber auch fairerweise sagen, dass ich zurzeit nicht direkt frei bin."

Sabrina schnappte kurz nach Luft: „Nicht direkt frei, das klang interessant."

„Ich habe zu Beginn des Jahres eine sehr liebevolle, attraktive und auch interessante Frau kennengelernt. Durch ihre endgültige Trennung von ihrem Mann, habe ich in der ganzen Zeit alle Höhen und Tiefen mit ihr erlebt.

Du bist für mich eine sehr attraktive und interessante Frau, die ich nach wie vor gerne weiter kennenlernen würde, aber erstmals rein freundschaftlich. Alles andere würde mich momentan in ein Gefühlschaos stürzen. Ich respektiere aber deine Entscheidung, wenn du an einem rein freundschaftlichen Kontakt kein Interesse hast."

„Danke für deine ausführliche Nachricht. Ich habe dein Schweigen nicht verstanden. Nicht-Kommunikation ist für mich ein No-Go. Man kann alles schreiben. Von: „Ich habe momentan keine Zeit.“ bis zu: „Ich möchte keinen Kontakt mehr.“ Nur einfach gar nicht zu antworten, das finde ich einfach verletzend und gar nicht wertschätzend. Damit betrittst du bei mir ein “Minenfeld“.

Über den Inhalt deiner Nachricht bin ich irritiert. Ich verstehe nicht, warum du überhaupt auf einer Singlebörse bist, wenn du seit Monaten mit einer liebevollen, interessanten Frau zusammen bist.

Zum Finanziellen muss ich gestehen, dass mich deine Aussagen etwas erstaunen, denn ein Zugticket und ein Kaffee kosten nicht gerade die Welt. Aber das spielt ja jetzt keine Rolle mehr.

Ich bin enttäuscht, dass du nicht von Anfang an ehrlich zu mir warst. Ich verstehe dich gar nicht und habe das Gefühl, ich habe keine Ahnung, wer und wie du wirklich bist. Letztlich entspricht das natürlich auch exakt den Tatsachen, da wir uns gerade erst kennengelernt haben.

Schade, ich fand unser Kennenlernen sehr schön. Doch mit diesen Background Informationen, die ich jetzt habe, macht das für mich überhaupt keinen Sinn mehr. Ich suche einen Partner, der wirklich eine Beziehung anstrebt.“

„Hallo Sabrina, du hast mir ja viel geschrieben. Nun weiß ich nicht, auf was und wie ich antworten soll oder nicht. Ich wollte dir bei unserem Telefonat die ganze Zeit das mit meiner Freundin erzählen, aber ich habe keinen Moment und keinen Einstieg zu dem Zeitpunkt gefunden.“

„Es geht mich natürlich nichts an, aber warum bist du auf einer Singlebörse? Wieso hast du die Intention, andere Frauen kennenzulernen, wenn du ohnedies eine Freundin hast?“

„Ich habe auch diese Frau hier kennengelernt und das bereits in der ersten Woche meiner einjährigen Mitgliedschaft auf dieser Plattform. Sprich, das Abo läuft fast noch ein Jahr und ich habe es ja bezahlt.“

„Ganz toll!“ Vielleicht in die Sprechblase hineinschreiben: „Bin liiert, lerne trotzdem gerne auch andere Frauen kennen.“

„Das geht nicht, denn das würde meine Freundin dann ja auch lesen können. Sie ist ja auch noch immer auf dieser Plattform. Ich habe in meinem Freundeskreis sehr viele Frauen.

Gefühlsmäßig würde ich jetzt sagen, dass du dich einer gewissen Eifersucht nicht verwahren kannst. Diese Mutmaßung entnehme ich deiner Fragestellung.“

„Da liegst du völlig falsch, es handelt sich nur um absolutes Unverständnis.“

„Ich bin ehrlich zu dir und schreibe dir, wie meine Situation im Moment ist. Ich müsste dir dies alles nicht schreiben und könnte auch zweigleisig fahren.

Ich würde sagen, dass ich deinen Erwartungen gerade nicht entspreche.“

“Ja, das ist vollkommen richtig.“

„Erwartungen sind etwas ganz Fatales. Ich falle auch immer wieder in dieses Schema und erfahre selbst dadurch Enttäuschungen. Es ist sehr schwer, keine Erwartungen an etwas und jemanden zu stellen. Sobald man spürt, dass man enttäuscht ist, zeigt es einem, dass man etwas erwartet hat. Man hat sich Vorstellungen gemacht, die nicht erfüllt worden sind.“

Sabrina war sauer und antwortete prompt: „Ich kann jetzt eigentlich nichts mehr sagen, denn du wirst mir wieder erklären, dass das eine Erwartungshaltung ist.

Ich hätte mir gewünscht, dass du mir beim ersten Telefonat gesagt hättest, dass du liiert bist, aber gern neue Menschen kennenlernst. Das hätte für mich Fairness und Ehrlichkeit dargestellt. Dann hätte ich mir überlegen können, ob das für mich passt.

Bei einem Mann, der am ersten Tag des Kennenlernens derartig intensiv mit mir kommuniziert, ist mir ehrlich gesagt nicht der Gedanke gekommen, dass er eine Beziehung mit einer anderen Frau haben könnte. Ich finde, dass man mit den

Gefühlen eines anderen Menschen nicht spielen sollte. Ich habe das so empfunden."

Sie verabschiedeten sich voneinander und Sabrina schüttelte ungläubig den Kopf. Sie fand, dass sie eigentlich ziemlich gelassen reagiert hatte.

Manchmal dachte sie, dass sie beim Thema Partnersuche nichts mehr überraschen konnte, doch sie hatte wieder eine neue männliche Facette gesehen.

Sabrina hatte mal den Spruch gehört, dass die Frauen von der Venus kamen und die Männer vom Mars. Sie war sich nicht sicher, ob diese Marsmänner wirklich ihr Ding waren.

Kapitel 19

Hauben-Köchin mit Geduld

Sabrina ging in ihre gemütliche Küche und ließ sich auf der cremefarbenen Eckbank im Landhausstil nieder. Das Thema "Männer" empfand sie gerade als ziemlich mühsam. Sie blickte sich kurz in ihrem geliebten kleinen Reich um. Hier war die Welt vollkommen in Ordnung.

„War sie eigentlich eine perfekte Köchin?", kam es ihr kurz in den Sinn. Ob perfekt oder nicht perfekt, das war für Sabrina beim Kochen nicht der wesentliche Punkt. Sie liebte es, zu kochen und damit basta. Und das was dabei herauskam, hätte jedem Hauben-Lokal zur Ehre gereicht.

So wie ganz generell im Leben, war sie auch beim Kochen mutig, kreativ, ungestüm und voller Leidenschaft. Es gab rein gar kein Gericht und keine Kreation, die sie sich nicht sofort zugetraut hätte.

In ihrer Landhausküche befanden sich zwei hohe Bücherschränke mit geschätzt hundert Kochbüchern. Spitzenköche, wie Maier, Lafar, Witzigmann und viele andere waren hier vertreten.

Sabrina mochte manchmal auch österreichische Hausmannskost, wie Krautfleckerln oder überbackene Schinkenfleckerln. Doch die italienischen und asiatischen Speisen hatten es ihr mehr angetan und ganz besonders ihre spontanen Eigenkompositionen.

Sie war zu 95 Prozent eine Vegetarierin. Fleisch aß sie extrem selten. Schinkenfleckerln waren so eine seltene Ausnahme. Zum einen schmeckte es ihr überwiegend nicht mehr, zum anderen gelang es ihr meist nicht zu verdrängen, wie das Fleisch produziert wurde. Sie hatte keine Lust, das Leid der Tiere, das durch Haltung, Transport und Schlachtung entstanden war, mitzuessen. Bei Gedanken an Antibiotika und Futtermittel mit Gen-Soja verstärkte sich diese Abneigung noch zusätzlich.

Für ihr Empfinden konnten diese Dinge für den menschlichen Körper einfach nicht gesund sein. Und wenn sie den Anblick von rohem Fleisch mit frischem Obst, Gemüse oder Salat verglich, dann war ganz klar, wo ihre Präferenzen lagen.

Sabrina liebte es, beim Kochen aromatische Zutaten zu verwenden, am besten frisch gepflückt aus dem eigenen Garten. Die verschiedensten Kräuter, von Petersilie über Basilikum, Thymian und duftende Minze gediehen in Tontöpfen ganz prächtig auf ihrer Terrasse. Und genauso die knackigen Salate, geschmackvolle Tomaten und eine Vielzahl von Gemüsesorten, die in den Hochbeeten an einer Seite ihres Gartens vor sich hin wucherten.

Wenn sie Zeit hatte, blätterte sie gerne das eine oder andere Kochbuch durch. Es war jedoch ganz selten, dass sie Rezepte wirklich 1:1 nachkochte. Meistens verwendete sie diese nur als Anregung für eigene Inspirationen und überließ ihrer Intuition den Rest.

Es war für sie nicht wirklich notwendig, etwas zuzubereiten, um zu wissen, wie es schmecken würde. Das konnte sie sich genau vorstellen, wenn sie die Zutatenliste, inklusive der Gewürze, gedanklich miteinander kombinierte. Ganz genau so, wie ein Musiker auch schon vorab die Klänge seiner Komposition kennt.

Viele Spontangerichte entstanden so. Kühlschranktüre auf und dann ein Blick von oben nach unten. Sabrina scannte die möglichen Zutaten förmlich und das Gericht wurde gedanklich zusammengestellt, während sie noch in den Kühlschrank blickte. Dann wurden die entsprechenden Zutaten herausgenommen und es entstand meistens eine vollkommen neue Komposition. Sie liebte die Gerüche von angebratenen Pilzen, den Duft von Basilikum, Origano, Ingwer und all den anderen Köstlichkeiten.

Wenn Sabrina Gäste hatte, nahm sie sich immer viel Zeit. Sie entschied sich bei solchen Anlässen gerne für Speisen, die sie noch nie zuvor gemacht hatte und entschloss sich je nach Lust und Laune für drei, vier oder fünf Gänge.

Sie bereitete eine Einladung immer sehr sorgfältig vor. Dazu zählten auch originelle, individuelle Speisekarten, spezielle Tischdekorationen und natürlich ein phänomenales Essen.

Gerne überraschte sie ihre Gäste mit Köstlichkeiten, die diese mit großer Wahrscheinlichkeit noch nie zuvor gegessen hatten. Zum Beispiel mit Blätterteig-Fischen, deren Bäuche mit gebratenem Lachs gefüllt waren. Diese Fische waren regelrechte Meisterstücke, die über individuell gestaltete Köpfe und Flossen verfügten. Auch die Schuppen waren eine Spezialanfertigung. Sabrina verspürte Rückenschmerzen, wenn sie nur an dieses Unterfangen dachte.

Und ihre Desserts waren ein Traum. Ihr persönlicher Favorit waren die selbstangefertigten Weidenkörbchen aus Schokolade. Auch diese waren mühsam zu produzieren und eine Herausforderung für die Wirbelsäule, weil die Prozedur sehr aufwendig war. Dabei wurde Backpapier um ein Glas gewickelt und anschließend wurde das Körbchen mit warmer Schokolade aus dem Dressiersack auf das Glas aufgespritzt.

In erkaltetem Zustand konnte es dann heruntergezogen werden. Am Teller wurden dann die verschiedensten Beeren in dieses Körbchen gefüllt, bis sie herausquollen. Ergänzt wurde es mit einem Schoko-Soufflé und einem Fruchtmarkspiegel aus Himbeeren und Heidelbeeren.

Manchmal hatten die Gäste ihr Besteck in den Händen und schreckten regelrecht davor zurück, diese Kunstwerke zu zerstören.

Es war nicht wirklich Perfektionismus, der diese Kreationen hervorrief. Es war die Freude an der Gestaltung und die Liebe zum Detail. Und diese nahm jeder wahr, der solche Gaumenfreuden mit allen Sinnen genoss.

Kapitel 20

Marina, ein Sonnenschein

Nach all diesen vielen Überlegungen über Perfektionismus hatte Sabrina auf eine humorvolle Unterhaltung mit Lukas Lust bekommen. Sie checkte ihre Mails, doch zu ihrem Erstaunen fand sich keine von Lukas. „Da reißen ja Sitten ein", dachte sie lachend und schrieb ihm rasch eine Nachricht.

„Guten Abend, lieber Lukas! Ich orte totale Vernachlässigung. Alles in Ordnung bei dir?"

Und postwendend tauchte die Antwort von Lukas im Posteingang auf: „Ich wusste, dass das kommt. Musste heute noch etwas erledigen, dadurch habe ich mich verspätet. Ja, alles okay. Ich hoffe, dass das bei dir auch der Fall ist!"

„Ja. Ich denke oft an deine schöne Geschichte, die mich sehr berührt hat. Ich werde die Prinzessin und die Schmusekatze im Auge behalten, wenn ich das nächste Mal einen Mann treffe und versuchen, den Kopf eher draußen zu lassen."

„Ich freue mich sehr, dass dir die Geschichte ein bisschen etwas gegeben hat. Und wenn es bloß das Überdenken der eigenen Ansichten ist. Ich habe immer darunter gelitten, dass die Schmusekatzen sich nicht so richtig getraut haben und musste mich dann mit einer Prinzessin herumschlagen, die natürlich sofort gemerkt hat, dass ich kein Prinz war. Ich hoffe, du hast bald mal die Gelegenheit auszuprobieren, wie es ist, bei einem Date die Schmusekatze in dir zu wecken."

„Ja, ich bin wirklich ziemlich nachdenklich geworden. Ich glaube, etwas mehr Sanftheit und Offenheit könnten mir nicht schaden. Ob deshalb aus mir eine echte Schmusekatze wird? Keine Ahnung, es wird sich zeigen. Du weißt ja, Selbsterkenntnis ist bekanntlich der erste Schritt zur Besserung.

Wobei ich eben eine sehr seltsame Erfahrung gemacht habe. Ich versuche ja, die Männer so zu nehmen, wie sie sind, aber müssen es denn immer solche Mistkerle sein?“

„Du klingst ja richtig sauer, was ist denn passiert?“

„Ich komme manchmal aus dem Staunen nicht heraus. Würdest du auf einer Plattform bleiben, wenn du liiert bist?“

„Nein, sicher nicht, wozu auch?“

„Zum Beispiel, weil das Abo noch ein paar Monate läuft.“

„Ist jetzt nicht wahr, oder?“

„Doch, wir haben uns immer besser kennengelernt und mit der Wahrheit ist er erst rausgerückt, als ich ihn persönlich treffen wollte. Aber ich mag gar nicht mehr daran denken. Reden wir lieber über uns.

Unsere Korrespondenz finde ich übrigens wirklich toll für zwei Menschen, die sich noch nie persönlich getroffen haben.“

„Ja, ich finde auch, dass unsere Unterhaltung außergewöhnlich ist.“

Ich bin eben erst zurückgekommen. Meine kleine Tochter Marina war ein paar Tage bei ihren Großeltern und ich habe sie gerade wieder abgeholt. Sie ist jetzt fünf Jahre alt und leider sehr krank. Sie hat das Down Syndrom, aber sie ist wirklich ein echter Sonnenschein und bringt uns allen bei, worauf es im Leben wirklich ankommt. Sie ist so herrlich ausgeglichen, genießt ihr Leben im Hier und Jetzt und strahlt eine unglaubliche Lebensfreude aus. Sie wird von allen Familienmitgliedern und Freunden so angenommen und geliebt, wie sie ist.“

„Das berührt mich gerade sehr, wie zauberhaft du deinen kleinen Sonnenschein beschrieben hast. Es klingt wunderbar, wie Marina von deiner Familie und auch vom Umfeld akzeptiert und geliebt wird. Sie hat sich einen tollen Papa ausgesucht, da bin ich mir zwischenzeitlich ganz sicher.“

„Am Anfang war es ein Schock, wie wir erfahren haben, dass sie das Down-Syndrom haben wird. Dann folgte eine schwere Geburt und lange war nicht klar, ob sie es schaffen würde. Doch sie war eine kleine Kämpferin und wollte bei uns bleiben. Im Laufe der Jahre habe ich dann zunehmend festgestellt, dass es besser ist, wenn ich aufhöre über ihre Zukunft nachzudenken. Dann kann ich jeden Augenblick mit ihr genießen, weil sie so viel Lebensfreude ausstrahlt."

„Lukas, du bist ein toller Mann, das wollte ich dir eigentlich schon die ganze Zeit sagen. Und offenbar auch ein wunderbarer Papa.

Gerade jetzt habe ich überhaupt nicht das Gefühl, dass du mit deinem Leben nicht zurechtkommst.

Es ist schon spät. Schlaf gut!"

„Danke, Sabrina! Du bist auch eine ganz bezaubernde Frau. Bis bald!"

Kapitel 21

Ein "ärztlicher Notfall"

Sabrina war auf dem Weg in die Innenstadt, um Sven zu treffen. Im Lokal angekommen, schaute sie sich zuerst um, ob er bereits da war. Es schien, dass sie die Erste im Lokal war, daher suchte sie sich einen Platz, den sie gemütlich fand und bestellte ein Glas Rotwein.

Nachdem zehn Minuten vergangen waren, läutete Sabrinas Handy und Sven fragte sie: „Hallo, hatten wir nicht für jetzt ein Treffen vereinbart?"

„Ja, ich bin auch im vereinbarten Lokal."

„Ich auch, bleib wo du bist."

Sven hatte offenbar keinen Blick auf die bereits anwesenden Personen geworfen und sich an einem anderen Tisch niedergelassen.

Eine Minute später kam er auf Sabrina zu. In der Hand balancierte er auf einer Untertasse eine Tasse Kakao. Als er sich näherte, zitterte seine Hand so stark, dass das Scheppern der Tasse nicht zu überhören war.

„Oh mein Gott", dachte Sabrina. „Dieser Mann ist 50 Jahre und Oberarzt und nicht ein 16-jähriger Bursche beim ersten Rendezvous."

Sven wirkte extrem nervös und versuchte verzweifelt, diese Stimmung mit Dauerreden zu bekämpfen. Für Sabrina kam das nicht gut rüber. Sie fühlte zwar Mitleid, aber vor allem spürte sie, dass dieser Mann nicht im Geringsten zu ihr passte.

Obwohl Sabrina eine sehr schlagfertige Frau war, gelang es ihr nur mit Mühe, die eine oder andere Wortspende einzuwerfen. Eigentlich war der Wunsch zu gehen, sehr rasch da, aber Sabrina wollte nicht komplett unhöflich erscheinen.

Nachdem sie über einige Reisen, die Arbeit im Spital und die Entrümpelung seines Hauses informiert worden war, kam das Gespräch schließlich auf die Partnersuche.

„Wie weiß man denn, wer der richtige Partner ist?“, fragte Sven sie plötzlich.

„Naja, wenn es funkt“, antwortete Sabrina etwas perplex.

„Was heißt das?“

„Wenn echtes Interesse da ist, Sympathie und Anziehung.“ Es fiel Sabrina gar nicht so leicht zu antworten, denn alles was sie hier ansprach, war nicht mal im Ansatz zwischen ihnen vorhanden.

Sabrina verspürte Ungeduld und Unbehagen in sich aufsteigen. Scheppernde Tassen, Dauerreden und befremdliche Fragen waren definitiv nicht die Dinge, nach denen sie Ausschau hielt.

Sie hatte fast den Eindruck, als ob er sich noch nie zuvor mit einer Frau getroffen hatte. Da passte wirklich gar nichts. Sabrina mochte selbstbewusste Männer, die eine starke Ausstrahlung hatten. Spontan beschloss sie, dass der richtige Zeitpunkt gekommen war, um dieses Treffen zu beenden.

Sie signalisierte dem Kellner, dass sie zahlen wollte. Sven kam ihr zuvor und übernahm die Kosten für ihr Glas Wein. Doch offenbar war die Bezahlung nur als Zwischenfinanzierung gedacht, denn nachdem der Kellner ihren Tisch verlassen hatte, hielt er Sabrina die weit geöffnete Geldbörse entgegen und schaute sie wortlos, aber erwartungsvoll an.

„Ein echtes “Dating-Highlight“, aber das ist mein geringstes Problem“, dachte Sabrina und ließ wunschgemäß drei Euro Münzen in die oberärztliche Geldbörse hinein plumpsen.

„Die Münzen brauche ich für den Einkaufswagen“, fühlte Sven sich dann doch bemüßigt, sein Verhalten zu erklären.

„Das ist wirklich ein “ärztlicher Notfall“, aber den würde jemand anderer übernehmen müssen“, dachte Sabrina sich grinsend und huschte hurtig aus dem Lokal.

Kapitel 22

Der Stärkere gewinnt

Sabrina und ihr Garten, das war ein eigenes Thema. Hier war die Frage nach dem Perfektionismus überflüssig. Der Garten war perfekt gestaltet, aber nicht um perfekt, sondern um ganz natürlich zu wirken. Ihr Garten war ein duftiger Farbentraum, der mit viel Liebe zum Detail angelegt war. Sein Anblick hätte jedem englischen Gartendesigner Begeisterungsschreie entlockt.

Man betrat das grüne Gartenreich und war schlichtweg verzaubert. Einerseits gab es viele exakt geplante Beete mit Ziersträuchern und Blumen, deren Farben und Wuchshöhen optimal aufeinander abgestimmt waren und andererseits fielen die verschiedensten Pflanzen ins Auge, die einander überwucherten und für Natürlichkeit sorgten.

Die Farben waren ganz bewusst gewählt und teilweise Ton in Ton gehalten. Von Weiß über Rosa und Pink und manchmal hatte sie ganz gezielt eine Kontrastfarbe in kräftigem Blau oder Lila ausgewählt, um andere Pflanzen richtig in Szene zu setzen.

Der gesamte Garten strahlte eine unglaublich natürliche Schönheit aus und überall gab es ungewöhnliche Details und Accessoires zu entdecken. In einer Wegbiegung stand das ganz besondere Vogelhaus. Nein, eigentlich war es eine Vogelvilla mit einem ausladenden Dach, dunklen Dachschindeln und insgesamt sechs Eingängen zum Futtersilo.

Der besondere Hingucker war der kleine Swimmingpool, in dem die Spatzen und Kohlmeisen im Sommer gerne ein Vollbad nahmen.

Da Sabrina selbst eine Katze hatte und in der Nachbarschaft mehrere Katzen lebten, hatte sie auch an lebensverlängernde Maßnahmen für die Vögel gedacht. Die kleine Vogelvilla war auf einem langen, runden Stab montiert, der die Zugriffsmöglichkeiten und den Aktionsradius für die Katzen einschränkte.

Ein paar Schritte weiter begeisterten die terrassenförmig angelegten Alpengärten mit üppiger Farben- und Artenvielfalt.

Sehr dekorativ war auch die Natursteinmauer, die sie vor einigen Jahren mit ihrem früheren Partner Christian gebaut hatte. Diese Mauer, die das abfallende Gelände untergliederte, hatte wahrlich eine Geschichte.

Zunächst hatten sie dreißig Tonnen Felsen bei einem Steinbruch bestellt. Es waren Steine in verschiedenen Formen und Größen, die zwischen zwanzig und vierzig Kilo wogen. Das Errichten der Mauer hatte sich als extrem mühsam erwiesen. Jeder Naturstein musste mehrfach in die Hand genommen und an den verschiedensten Positionen ausprobiert werden. Es war ein regelrechtes Puzzle aus Tonnen von Gestein.

Dann hatte Sabrina die nicht so geniale Idee gehabt, dass größere Steine noch uriger und natürlicher aussehen würden. Sie hatte den Mitarbeiter des Steinbruchs gebeten, bei der nächsten Zustellung auch ein paar größere Felsen mit einem Gewicht von bis zu hundert Kilo mitzuliefern.

Am vereinbarten Liefertag hatte Sabrina plötzlich laute Geräusche von der Straßenseite gehört, als der LKW-Fahrer vierzig Tonnen Felsen vor das Haus schüttete. Viele von ihnen waren größer, als bestellt. Wesentlich größer und mit 250 bis 300 Kilo vor allem wesentlich schwerer, als gewünscht.

Es hatte acht Jahre gedauert, um diese Mauer zu bauen. Aufgrund der örtlichen Gegebenheiten konnten die Felsen nur mittels Rollen und Holzschlitten transportiert werden. Eine spezielle Konstruktion, aus drei Balken mit Flaschenzug, ermöglichte die endgültige Positionierung im Hang.

Bei der Herstellung hatte sich dieses Bauwerk als Albtraum erwiesen, doch nun trug die bepflanzte Mauer aus Natursteinen ganz maßgeblich zu dem Charme dieses Gartens bei.

Im Eingangsbereich hatte es ein Gartentraum sein müssen, der dem Barrockstil nachempfunden war. In der Mitte entstand ein Rondell, in dem ein Zierapfelbaum mit weiß-rosa Blüten in Szene gesetzt wurde. Rund herum wurden vier Segmente angelegt, die symmetrisch mit Hochstammrosen, Pfingstrosen, Hortensien und rotem Sonnenhut bepflanzt wurden.

Als Begrenzung der Beete setzte Sabrina eigenhändig kleine Buchsbäumchen ein. Es waren etwa zweihundert, die von ihr immer wieder sorgfältig in die perfekte Form geschnitten wurden.

Und dann kamen sie, die listigen und hinterhältigen Buchsbaumzünsler. Ohne Vorwarnung fielen sie über ihre prachtvollen Buchsbäumchen her. Es handelte sich um hunderte dieser widerlichen Raupen, von denen jede in einem schwarzgrünen Pelzdress getarnt war. Vor ihren Augen verschwanden innerhalb von wenigen Stunden buchstäblich Teile ihres Gartens.

Die benachbarten Gärten hatten außer ein paar Rosen und den scheinbar obligaten Thujen Hecken nicht viel zu bieten. Sabrinas Garten war zweifellos der Delikatessenladen für Raupen in der gesamten Gegend.

Die Zünsler fraßen Sabrinas Buchsbäume genüsslich auf und im gleichen Tempo entsorgte sie die kahlgefressenen Pflanzen und kaufte immer wieder neue. Das Kräftemessen ging über mehrere Monate, bis Sabrina schließlich resignierte. Buchsbäume gab es eines Tages keine mehr in ihrem Garten. Sie wollte es nur ungern zugeben, aber die Zünsler hatten den Sieg davon getragen. Ihre Ausdauer und Willensstärke hatten daran nichts geändert. Es schien, dass Mutter Natur sich ihrer perfektionistischen Einstellung angenommen hatte. Die Raupen hatten auf alle Fälle einen ordentlichen Teil abgenagt.

Kapitel 23

Beziehungsconsulting

Sabrina war müde und beschloss, sich nur noch rasch um die „Münchner Hotline" zu kümmern. Sie fragte sich, welche Neuigkeiten es wohl von Lukas gab und sah sofort, dass seine Mail schon auf sie wartete.

„Hallo Sabrina! Hoffe, dir geht es gut. Ich finde, es ist gerade sehr wenig los beim Online-Dating. Und viele Frauen schreiben auch einfach nicht zurück. Wie sieht das bei dir aus?"

„Nun, die Quantität ist nicht das Problem, doch den richtigen Partner zu finden, ist eine andere Sache. Aber es registrieren sich ja immer wieder neue Männer, die eine Partnerin suchen. Muss dir noch schnell eine Begebenheit der letzten Tage erzählen. Ich habe von einem Wiener, der kein Foto im Profil hatte, eines angefragt. Dann kam die Antwort: „Ich sage dir gleich, ich will ohnedies nur Sex, willst du immer noch ein Foto?" Irgendwie ist das alles nicht wahr, was einem so unterkommt."

„Oh weh, die Hemmschwelle liegt beim Online-Dating zum Teil schon bedenklich niedrig, wie es scheint."

„Ja, das stimmt, die Prinzessin hat sich aber hurtig an den Anforderungskatalog erinnert und auf die Löschtaste gedrückt. Wie soll man da zur Schmusekatze werden?"

„Die Schmusekatze geht immer nur so weit, wie sie möchte und wie ihr gut tut. Sonst zeigt sie natürlich ihre Krallen. Und Männer, die das nicht respektieren können, sind ohnedies die Falschen für sie. Es macht mir auf alle Fälle viel Freude, mit dir zu chatten und du verstehst meinen Humor. Die Frage ist aber, ob du mich auch als potenziellen "Spielgefährten" ernst nehmen würdest?"

„Keine Ahnung, ich kenne dich ja nicht persönlich."

„Dann musst du halt doch mal eine Reise nach München machen, um deinen ganz besonderen Fan hier zu besuchen."

„Ich denke darüber nach, aber vielleicht wäre es einfacher mit einer Münchnerin?"

„Erfreulicherweise habe ich hier vor kurzem eine echte Schmusekatze kennengelernt. Bei unserem ersten Treffen war sie so, wie ich es mir bei einer Frau wünsche. Sie schmust gerne, genießt die Berührungen und das Prickeln, lässt nicht gleich alle Hemmungen fallen, hat keine Angst vor mir, liebt ihre Freiheit und verschenkt nicht gleich ihr Herz. Es hat sich einfach wunderbar angefühlt, ehrlich und authentisch. Da gab es viel Gefühl, keine Missverständnisse, keine Erwartungen, keine Versprechen und keine Spielchen. Sie hat im Prinzip viele Eigenschaften von meiner Traumfrau. Ob sie die Qualitäten hat, die mir für eine dauerhafte Beziehung wichtig sind, weiß ich noch nicht. Das ist im Prinzip aber auch völlig unwichtig, weil es sich momentan für beide einfach richtig gut anfühlt."

„Wie muss sie denn sein, deine Traumfrau?"

„Ach Gott, das überlege ich mir dann, wenn ich wirklich wieder eine feste Beziehung möchte. Zurzeit ist das noch viel zu früh. Ich glaube, selbst wenn ich sie treffen würde, bräuchte ich noch sehr viel Zeit, um mich zu 100 Prozent auf sie einlassen zu können. Im Grunde ist es wohl eine Mischung aus Äußerlichkeiten und inneren Werten, die entscheiden, ob es passen könnte."

„Ich lache mich gleich kaputt. Kann es sein, dass man das Anforderungskatalog nennt?"

„Für die Schmusekatze gibt es nur einen sehr kurzen Anforderungskatalog und unter den Schmusekatzen werde ich dann die Frau finden, mit der es wieder richtig passen wird. Die Partnerin, die ich lieben werde, wenn wieder der geeignete Zeitpunkt dafür da ist."

„Guter Plan!"

„Zur Nachahmung wärmstens empfohlen!

Du brauchst bloß über deinen Schatten zu springen. Und glaube mir, die Partnersuche wird leichter, wenn man genau das tut, was im Moment passt und gut tut und sein Herz erst viel später verschenkt."

„Ja, ich habe es schon verstanden, aber es ist noch keiner da, mit dem ich dieses neue Rezept ausprobieren könnte."

„Der taucht schon noch auf, liebe Sabrina! Bei der Menge an Beziehungsconsulting kann ja nichts mehr schief gehen!"

„Wir werden sehen, wie alles weitergeht. Kürzlich habe ich einen Arzt getroffen, das war ein Wahnsinn!"

„Wieso? Was ist denn passiert? Der nächste Mistkerl?"

„Nein, so würde ich das nicht sagen. Er war so nervös, dass ich Angst hatte, dass die Kakaotasse vom Teller hüpft."

„Wie alt war der Mann? 20 Jahre?"

„Wenn du noch 30 Jahre dazu legst, dann passt es."

„Scheint, der hatte Angst vor dir!"

„Ich bin mir keiner Schuld bewusst. Er hätte mühelos einen Wettbewerb im Dauerreden gewinnen können. Ich bin kaum dazu gekommen, auch nur ein Wort zu sagen."

„Wie spannend!"

„Ja, sehr. Ich bin die ganze Zeit wie auf Nadeln gesessen und habe mich einfach nur unbehaglich gefühlt. Und das Ende war auch speziell. Zuerst hat er die Kosten für mein Weinglas übernommen und dann zurückverlangt. Es war so peinlich! So etwas ist mir überhaupt noch nie passiert."

„Na toll, dir bleibt auch nicht viel erspart! Ich muss dir auch noch etwas erzählen. Vor einiger Zeit habe ich noch eine andere Frau kennengelernt, die wirklich völlig kopfgesteuert war. Sie hatte große Angst vor Männern und im Besonderen, dass sie an den falschen Mann geraten könnte. Sämtliche Kanäle zu ihren Emotionen waren vollkommen blockiert.

Und irgendwie habe ich fest daran geglaubt, dass eine längere Affäre mit mir, sie aus diesem Loch holen hätte können. Es wäre zwar nicht die große Liebe gewesen, aber sie hätte wieder gelernt, ihre Gefühle wahrzunehmen und auszudrücken. Ich habe ihr gesagt, dass Sex mit mir, ihr Leben verändern würde, aber leider hat sie mir diese Geschichte nicht geglaubt."

„Komisch, wie konnte sie bloß?"

„Okay, ich gebe ja zu, dass wir Männer manchmal zur Selbstüberschätzung neigen. Ich denke aber, ich hätte ihr wirklich helfen können. Hätte ihr sehr gerne aus ihrem Loch herausgeholfen – natürlich vollkommen uneigennützig."

„Klar, vollkommen uneigennützig. Schlaf gut, du edler Ritter!"

„Du auch!"

Kapitel 24

Ein fast unwiderstehlicher Mann

„Hallo, du Schlafmütze! Guten Morgen! Aufstehen! Der Himmel ist blau und die Sonne scheint. Ich würde dir gerne einen Kaffee bringen und frische Croissants. Wie geht es dir heute? Was hast du für Pläne für diesen wunderschönen Tag?"

Sabrina schaute entgeistert auf diese Zeilen in ihrem Posteingang. Sie hatte diesen Text schon einmal gelesen, nämlich vor einigen Monaten. Beim ersten Mal hatte sie gefunden, dass dies eine etwas andere Art der Kontaktaufnahme war, irgendwie ein bisschen dreist und doch sympathisch.

Jetzt hatte sie allerdings ein Déjà-vu-Erlebnis und empfand den Text ganz und gar nicht mehr prickelnd. Ein Standardtext, der offenbar immer wieder eingesetzt wurde, um eine Frau nach der anderen zu kontaktieren.

Sabrina hätte sich wetten getraut, dass es wieder derselbe Mann war und so war es auch. Er hieß Marcel und war zehn Jahre jünger als sie. Sie musste zugeben, dass er ein extrem gutaussehender Mann war. Ganz offensichtlich war er sich seiner Wirkung auch vollkommen bewusst.

Er war sehr groß, ein athletischer Typ mit einem attraktiven Gesicht, dunklen Haaren, grünen Augen und einem sinnlichen Mund. Doch für Sabrinas Geschmack war das Foto mit der halblangen Haarmähne und dem bis zum Hosenbund aufgeknöpften Hemd eine zu offensichtliche Zurschaustellung seiner Reize.

„Gigolo" war das Wort, das ihr in den Sinn kam.

Sie hatte ihn damals schon darauf angesprochen, auch auf die Altersdifferenz. Er hatte gemeint: „Wenn du körperlich noch fit bist, spricht nicht das Geringste gegen ein Kennenlernen."

Sie hatte damals nicht gewusst, ob sie lachen oder sich ärgern sollte und hatte ihm ein Foto geschickt, auf dem sie sicher genauso jung aussah, wie er. Was hatte sich der Kerl bloß gedacht? Sie war 49 und nicht eine Greisin, die Rollator-gestützt durch das Leben ging! Kurz darauf hatte sie den Kontakt gelöscht, weil sie andere Vorstellungen hatte.

So, da war er also jetzt wieder. Offenbar hatte er sich neu auf der Partnerbörse registriert. Er war ein Deutscher und hieß Marcel. Er informierte sie, dass er auf dem Weg nach Wien war, um sich für einen Vertriebsjob zu bewerben. „Komm, lass uns doch einen Kaffee zusammen trinken gehen. Es wäre eine ideale Möglichkeit, damit wir uns kennenlernen."

Ohne anklingen zu lassen, dass sie schon einmal das Vergnügen gehabt hatte, schrieb sie: „Kann nicht, muss noch eine Präsentation für morgen vorbereiten."

Doch Marcel war hartnäckig: „Gib mir doch bitte wenigstens deine Handynummer, dann können wir uns ein wenig unterhalten."

Es reizte sie, zu schauen, wie sich die Dinge mit Marcel entwickeln würden. Sabrina war neugierig und gab ihm die Nummer. Und schon ertönte das „Ping" der ersten Nachricht. Sie öffnete den Chat und musste schmunzeln. „Sagenhaft, das passt ganz genau zu ihm", mutmaßte sie beim Blick auf das Display ihres Handys.

Er hatte ihr gerade ein Foto von seinem Hotelzimmer geschickt. Es zeigte ein riesiges Doppelbett mit blütenweißer Wäsche.

„Das ist typisch für Marcel, was für eine überaus "dezente" Andeutung", dachte Sabrina.

„Ich hatte ein Zimmer gebucht und die Dame an der Rezeption hat mir gerade ein Superior Doppelzimmer gegeben, weil alle anderen ausgebucht waren. Wahrscheinlich glaubst du mir nicht und nimmst jetzt vielleicht an, dass das alles geplant war. Ist aber nicht so."

„Freue mich für dich, dass du ein tolles Zimmer hast."

„Egal jetzt, du hast viel zu tun. Ich lasse dich jetzt ganz sicher in Ruhe."

Sabrina fehlte der Glaube. Die Ruhe währte exakt zehn Minuten, dann explodierte ihr Handy: „Ping", „Ping", „Ping."

„Ich habe Hunger."

„Ich mag eigentlich nicht rausgehen."

„Aber es wird mir wohl nichts anderes übrig bleiben."

Sabrina musste lachen und erwiderte: „Ich wage nicht zu fragen, worauf. Doch nicht etwa auf Essen?"

Marcel konterte: „Brot, Käse Pasta. Du denkst ganz anders über mich, als ich bin. Mein Magen hat Hunger auf Nahrungsmittel."

Sie erwiderte: „Du, Wien ist eine Großstadt, da bekommt man überall etwas zu essen."

Und Marcel fügte hinzu: „Und wenn du es anders verstehst, so sind das doch deine Gedanken, meine Liebe. Haben wir dich ertappt."

Sabrina gab es ungern zu, aber in diesem Punkt hatte Marcel Recht. Er hatte ihr zwischenzeitlich ein anderes Foto geschickt. Okay, er war in der Tat ein sehr fescher Typ, keine Frage. Ein unglaublich anziehender und erotischer Mann. Wenn sie sein Foto ansah, hatte sie nicht wirklich Lust auf Pasta.

Sie erwiderte: „Ich denke nichts Bestimmtes über dich, ich kenne dich ja nicht. Ich kenne nur dein Profil und deine Fotos."

In diesem Moment schien ihr Handy zu explodieren und es folgten die Nachrichten im Sekundentakt. Wie aus der Pistole geschossen, ertönte ein lautes „Ping" nach dem anderen.

„Doch, du glaubst es zu wissen."

„Hast sehr wohl Gedanken."

„Heiratsschwindler."

„Sexgeil."

„Geldgierig."

„Hinter älteren Frauen her."

„Einer, der eine Bleibe sucht.“

„Einer, der Rechnungen nicht bezahlt.“

Sabrina lachte glucksend vor Vergnügen in sich hinein. Er hatte so ziemlich alle ihre Gedanken zu seiner Person auf den Punkt gebracht. Es kam ihr so vor, als ob er ihre Gedanken förmlich lesen konnte. Nur die “ältere Frau“, die war etwas gewöhnungsbedürftig für sie.

Sabrina meinte: „Über jemanden, den ich nicht kenne, mache ich mir nicht so viele Gedanken. Dass du Frauen kontaktierst, die älter sind als du, ist offensichtlich. Und in Kombination mit deinem aufreizenden Look, gibt mir dies zu denken.“

„Da kommt es wieder, ich werde nichts mehr sagen.“

Sabrina schickte ein lapidares: „Das glaube ich nicht“, an Marcel zurück.

Marcel hatte schon wieder geantwortet: „Ich denke, dass das Beseitigen von Vorurteilen schwieriger ist, als sonst etwas. Und jetzt wirst du um eine Erfahrung reicher. Du hast gerade eine Chance verpasst.“

Sabrina war etwas irritiert, obwohl sie davon überzeugt war, dass Marcel kein ernstzunehmender Partner gewesen wäre.

Sie schrieb: „Ich kenne dich einfach nicht. Vertraust du einem wildfremden Menschen?“

Es erklang ein finales „Ping“ und Marcel verabschiedete sich mit einem „Ciao“. Sabrina schickte ihm selbiges zurück.

„War sicher gescheiter so. Dieser Mann wäre eine komplett sinnlose Erfahrung gewesen, ein typischer Frauenheld“, sagte sich Sabrina, die angesichts dieses abrupten Endes doch etwas erstaunt war.

„Und trotzdem, ein Happy End schaut irgendwie anders aus“, war ihr finaler Gedanke.

Kapitel 25

Wie Schönheit entsteht

Schönheit und attraktives Aussehen waren schon Themen, die Sabrina beschäftigten. Doch nicht in dem Sinn, dass sie sich davon beherrschen ließ.

Manche Artikel in Frauenmagazinen entlockten ihr höchstens ein Kopfschütteln. Weder zählte sie ihre Fältchen, noch hatte sie das Bedürfnis, diese zu eliminieren. Sabrina war der Meinung, dass Fältchen, abgesehen von dem natürlichen Alterungsprozess, durch Lebenserfahrungen und Lachen geformt wurden.

„Wie kann man dann diese aus einem Gesicht entfernen wollen?“, fragte sie sich. Sabrina war froh, dass sie immer viel gelacht hatte und nicht die Zornesfalten auf der Stirn ins Auge sprangen. Sie hatte den Eindruck, dass viele Frauen zwischen 50 und 60 einander immer ähnlicher sahen, mit den straffen, unbeweglichen Gesichtern und den aufgespritzten Lippen.

Die Botox-Manie und die entsprechenden Events, bei denen Frauen mit Injektionsnadeln versuchten, ihre Mimik zu glätten, gingen spurlos an ihr vorüber.

„Bin ich schön? Ist mein Aussehen perfekt?“, fragte sie sich. Da kam eine klare Antwort: „Nein, die angebliche Mrs. Perfect ist ganz sicher nicht schön und perfekt.“ Sie fand, dass sie den gängigen Schönheitsidealen nicht entsprach. Es war auch nicht so wichtig für sie.

Sabrina war unschlüssig, was die Definition von Schönheit betraf. Auf der einen Seite war Schönheit für sie etwas Vollkommenes und Perfektes. Ganz symmetrische Gesichter, große Augen und makellose Haut kamen ihr in den Sinn. Das Attribut “schön“ verlieh Sabrina Frauen, wie Romy Schneider, Cindy Crawford, Sandra Bullock und noch einigen anderen.

Und in gewisser Weise konnten Schönheit und auch das sogenannte perfekte Aussehen sicher auch auf einem Operationstisch entstehen.

„Doch in Wirklichkeit geht es ja darum, dass die Wahrnehmung von Schönheit immer im Auge des jeweiligen Betrachters entsteht", dachte Sabrina. „Und dann hat es wohl mit Makellosigkeit nichts zu tun, denn jeder Mensch hat ein individuelles Schönheitsempfinden."

Schönheit war ja nicht nur eine äußerliche Angelegenheit. Auch die Körpersprache, die Mimik und die Harmonie, die ein Mensch ausstrahlte, trugen ganz wesentlich dazu bei. Diese Dinge waren Sabrina viel wichtiger, als ein faltenloses Gesicht oder ein perfekt gestylter Körper.

Sabrina stand vor dem Spiegel und betrachtete sich eingehend. Sie fand, dass sie eine attraktive Frau war und war zufrieden mit ihrer Körpergröße und der sehr weiblichen Figur.

„Was mag ich am liebsten?", fragte sie sich. „Die tiefblauen, strahlenden Augen, die kupferrote Haarmähne, den Mund und das Lachen.", kamen ihr in den Sinn. Doch am meisten von allem mochte sie ihre Ausstrahlung, in der ihr ganzes Wesen lag. Sie vermittelte Kraft, Herzlichkeit und Lebensfreude.

Kapitel 26

Von Frauen und Männern

Es war schon spät, aber ein wenig Zeit mit Lukas, das musste noch sein. Rasch überprüfte Sabrina, ob Lukas sich wieder gemeldet hatte. Sie lächelte, als sie seine Nachricht öffnete.

„Hallo Sabrina! Ich würde mich mit dir gerne mal über das ewige Spiel zwischen Mann und Frau unterhalten. Vor allem über Themen wie Weiblichkeit, Männlichkeit, Hingabe, Helden, Gleichberechtigung, Frauen und Karriere.

Mit meinen Ansichten zu diesen Themen stoße ich nämlich regelmäßig auf blankes Entsetzen bei den Frauen. Und so wäre es mal interessant zu wissen, was du darüber so denkst und ob ich mit meinen Ansichten tatsächlich auf dem Holzweg bin."

Lukas war noch online und Sabrina schrieb rasch zurück: „Guten Abend, Lukas! Na dann schieß mal los mit deinen Fragen!"

„Also, viele Frauen hier wollen einen Mann auf Augenhöhe. Was genau ist damit eigentlich gemeint? Sind sie so toll und suchen jemanden, der mithalten kann? Oder wollen sie sich nicht herumkommandieren lassen, sondern gleichberechtigt sein? Ich bin zurzeit nämlich am Grübeln, wieviel Emanzipation für eine gute Partnerschaft verträglich ist. Ich denke eigentlich, dass eine Partnerschaft zwischen Mann und Frau dann am besten funktioniert, wenn eine Frau ihre weiblichen Seiten lebt und ein Mann seine männlichen Seiten."

„Für mich bedeutet es Ebenbürtigkeit, dass sich keiner unter- oder überlegen vorkommt. Eine gleichberechtigte Partnerschaft, bei der Dinge miteinander besprochen und entschieden werden. In der nicht nur einer sagt, wo es lang geht. Mir ist es zum Beispiel auch ganz wichtig, dass der Partner mir auch intellektuell gewachsen ist. Sonst machen mir Gespräche und Diskussionen nicht richtig Spaß."

„Verstehe. Im Grunde genommen glaube ich, dass die meisten Frauen einen "Helden" zum Mann haben wollen, einen der sie dauerhaft fasziniert und dem sie sich hingeben können. Und wir Männer lieben es, von unseren Frauen als "Helden" gesehen und geliebt zu werden. Dann sind wir zu außerordentlichen Leistungen fähig. Wenn uns nun aber die Frauen permanent mit männlichen Mitteln bekämpfen, zunehmend dagegenhalten und uns gezielt als "Helden" demontieren, dann ist es irgendwann vorbei mit einer funktionierenden Beziehung zwischen Mann und Frau. Sobald Frauen die "besseren Männer" sein wollen, funktioniert Partnerschaft nicht mehr oder sehe ich da etwas falsch?"

„Was für gescheite Gedanken. Ich glaube, dass beides möglich ist. Dass eine Frau ihre weiblichen Seiten lebt und ein Mann seine männlichen und dass es trotzdem eine gleichberechtigte Partnerschaft sein kann. Es ist interessant, dass du mit diesem Thema kommst, weil es mich zurzeit selbst sehr beschäftigt.

Dann ist natürlich noch dazu zu sagen, dass ein Mann auch weibliche Seiten in sich trägt und eine Frau männliche. Seit kurzem habe ich meine Werte aufgrund eines Persönlichkeitsprofils jetzt schwarz auf weiß. Meine weiblichen Anteile sind im Normbereich, meine männlichen ziemlich ausgeprägt. Damit eine Beziehung funktioniert, muss es zu einem Ausgleich kommen. Und jetzt kommt das Problem. Ich mag sehr männliche Männer.

Da mein männlicher Anteil aber sehr hoch ist, funktioniert eine Beziehung besser mit einem Mann, der sehr ausgeprägte weibliche Anteile hat. Das wirklich Blöde ist, dass ich mich in so einer Konstellation nicht wohl fühle, nicht gerade sehr als Frau erlebe und wie sich das auf den Sex auswirkt, das kannst du dir sicher problemlos vorstellen."

„Ja, das kann ich mir vorstellen. Davon kann ich auch ein Lied singen, aber genau andersherum."

„Ich denke auch, dass diese typisch weiblichen Seiten oft mit Schwäche und Hilflosigkeit in Zusammenhang gebracht werden. Manchmal fällt es uns Frauen leichter, einen Mann anzufauchen, als ihm zu sagen, dass wir uns verletzt oder gekränkt fühlen oder dass ein Bedürfnis nicht erfüllt wurde."

„Okay, das ist sehr interessant. Ich habe nämlich dummerweise sehr viele weibliche Anteile und meine Frau hat viele männliche Anteile, aber ich vermisse die weiblichen Seiten an ihr. Sie diskutiert und kämpft mit mir wegen Sachen, die sie mit einem Augenaufschlag und einem Lächeln auf dem goldenen Tablett serviert bekäme."

„Jetzt verstehst du, warum wir zwei uns so gut verstehen. Ich weiß ganz genau, was du meinst.

Ich vermisse mittlerweile auch meine weiblichen Seiten. Ich halte Schwäche und Hilflosigkeit überhaupt nicht aus, weil es mich an unangenehme Ereignisse in meinem Leben erinnert. Daher klammere ich das komplett aus. Das wäre ja noch nicht so schlimm, aber das wirklich Doofe ist, dass viele sehr weibliche Seiten im Schlepptau von diesen Gefühlen sind und dann auch nicht gelebt werden können. Daran arbeite ich zurzeit. Ich hoffe, ich lerne einen Mann kennen, bei dem ich das mehr leben kann.

Ich habe übrigens gerade einen unwiderstehlichen Mann kennengelernt. Bin aber standhaft geblieben, der war mit Sicherheit nur auf ein Abenteuer aus, aber ich muss zugeben, er war ein Augenschmaus."

„Manchmal ist es sicher besser, etwas auszulassen. Und ich hoffe, ich lerne bald eine tolle Frau kennen, der es Freude macht, ihre Weiblichkeit auszuleben."

„Ich wünsche es dir, Lukas! Bis bald!"

„Bis bald, Sabrina!"

Kapitel 27

Ein Forscher und die Tücken der Kommunikation

„Aha, ein neuer Mann liegt im Posteingang“, registrierte Sabrina mit einem Lächeln. Rasch überflog sie die zurückhaltenden, jedoch sehr höflichen Zeilen, die er ihr geschickt hatte. Er hieß Ewald und war 48 Jahre alt, ein Wissenschaftler, der ein Forschungslabor leitete.

Sabrina entschloss sich, die Einladung zum Telefonat anzunehmen und wählte seine Nummer. Seine Stimme klang sympathisch, doch die Unterhaltung war für ihren Geschmack ein wenig schleppend. Auch seine Erzählung, dass er in einer 60 Quadratmeter großen Wohnung mit zwei Hunden und drei Katzen lebte, war nicht ihr Ding. Wie es da aussah, mochte sie sich gar nicht erst vorstellen, von den Gerüchen mal ganz abgesehen.

Während Sabrina noch ihren Gedanken nachhing, stellte Ewald gerade die Frage: „Was meinst du, wollen wir uns auf einen Kaffee treffen?“

Vor Sabrinas geistigem Auge sprangen gerade die fünf Mitbewohner fröhlich durch die Wohnung, als sie von seiner plötzlichen Frage überrumpelt wurde. So antwortete sie unabsichtlich: „Ja, okay.“

Eigentlich hatte sie die Frage angesichts ihrer mangelnden Begeisterung doch verneinen wollen. „Aber das macht nichts“, dachte sie sich. „Es ist ja nur ein Kaffee und ich könnte ja einen Espresso nehmen, statt dem sonst üblichen Cappuccino. Dann wäre ich schneller fertig.“ Sabrina schmunzelte vor sich hin.

Sie fragte sich, ob Ewald bei dem persönlichen Treffen auch so langweilig rüberkommen würde. Vorsorglich kalkulierte sie schon mal die Minimalzeit für ein Treffen und einen Espresso.

Am Nachmittag fuhr sie mit der U-Bahn in die Innenstadt und ging zu dem vereinbarten Lokal.

Es war ein traumhafter Tag. Die Sonne schien und ein lauer Wind blies ihr die Haare aus dem Gesicht. Ein kleines Wortspiel huschte durch ihre Gedanken: „Das wäre ein Traumwetter, um dem Traumpartner zu begegnen.“ Nun, das war Ewald mit ziemlicher Sicherheit nicht. Bei ihrem Telefonat hatte er ihr nicht den Eindruck vermittelt, dass Lebendigkeit, Lebensfreude, Esprit und überschäumende Energie zu seinen wesentlichen Charakteristiken zählen würden. Und das war noch sehr diplomatisch umschrieben.

Als Sabrina das Lokal betrat, war Ewald schon da. Sie bestellten beide einen Kaffee. Sabrina hatte vom Espresso letztendlich Abstand genommen. Er erschien ihr dann doch zu brutal.

Die Unterhaltung war von Anfang an zäh. Sabrina, die sonst eine sehr quirlige und kommunikative Frau war, erkannte sich selbst kaum wieder. Einerseits hatte sie den Eindruck, dass die Energie, die Ewald ausstrahlte, sie förmlich lähmte. Andererseits war ja bei ihm kaum Energie zu spüren. „Wie kann mich etwas lähmen, das gar nicht vorhanden ist?“, fragte Sabrina sich.

Diese kurze Stille hatte Ewald genutzt, um sich zu sammeln und er informierte Sabrina: „Ich erzähle dir mal etwas über meine Tiere. Die sind mir alle in den letzten paar Monaten passiert. Jango ist ein Mischlingshund aus Rumänien und Leila kommt aus Bulgarien. Sie sind bedauernswerte Straßenhunde, um die sich keiner gekümmert hat. Und bei den Katzen war es ganz ähnlich. Die drei sind erst vor kurzem aus der Slowakei zu mir gekommen. Sie heißen Indira, Nikita und Ophelia und sind unglaublich verspielt, zutraulich und verschmust.“

Sabrina zuckte kurz zusammen und dachte insgeheim: „Hoffentlich prüft er die Namen anschließend nicht ab, um festzustellen, ob ich bei der Sache war. Womöglich hat er auch noch Goldfische mit individuellen Namen?“

In epischer Breite, aber mit ganz leiser Stimme und ohne je die Tonart zu verändern, erzählte Ewald von seinen Tieren.

Der Singsang von Ewald hatte etwas unglaublich Einschläferndes und Sabrina bemerkte, wie ihre Augenlider immer mehr nach unten klappten. Die monotone Erzählung schritt voran, wenn auch sehr, sehr langsam.

Nach einigen Minuten packte Ewald auch noch voller Stolz die Fotos seiner Lieben aus. Da waren sie, zwei struppige schwarze Hunde und drei abgemagerte Tigerkatzen. Nach der Expedition ins Tierreich entstand ein Schweigen, das sich immer mehr ausbreitete.

Es war lähmend, es fühlte sich nicht gut an. In Sabrinas Gedanken drehte sich alles um ein Wort, nämlich „Flucht!"

Sie versuchte die Aufmerksamkeit eines Kellners auf sich zu ziehen, um zu bezahlen, was ihr mehrfach misslang.

Diese Zeit hatte Ewald genutzt, um ein neues Gesprächsthema aufzubereiten: „Also neben den Tieren verbringe ich auch viel Zeit mit meiner Mutter. Sie war lange Zeit kerngesund, doch vor drei Jahren ist es losgegangen. Ein gesundheitliches Problem kam nach dem anderen und seit zwei Jahren ist sie leider auch dement."

Ewalds leise Worte erschienen Sabrina wie Hintergrundgeräusche. Wirklich laut hörte sie nur ihre mittlerweile verzweifelte innere Stimme. Diese raunte ihr energisch zu: „Raus aus diesem Lokal!"

Ihre volle Konzentration galt daher den zwei Kellnern. „Wie hieß das im Englischen so schön? "To catch the waiters eye". Genau das hatte Sabrina ja versucht, die Blicke der Kellner auf sich zu ziehen. Diese schienen jedoch absolut resistent gegen Gäste zu sein, die versuchten, Aufmerksamkeit zu erlangen. Sie merkten nicht, dass hier eine absolute Notlage herrschte, zumindest für Sabrina. Und es war ja nicht so, dass die beiden Kellner im Stress gewesen wären, denn sie hatten sich gerade an der Theke für ein gemütliches Schwätzchen zusammengestellt.

Klar, in so einem Moment war für Gäste einfach keine Zeit. Man musste im Leben immer Prioritäten setzen.

Für die prekäre Lage, in der sich Sabrina befand, schien keiner von ihnen, eine Antenne zu haben. Sabrina fing an mit ihren Händen zu fuchteln, um auf sich aufmerksam zu machen. Doch leider wurde sie von den Kellnern weiter ignoriert. Die beiden lachten gerade herzhaft und der eine klopfte dem anderen auf die Schulter.

Ewald ging gerade in die näheren Details, was die gesundheitlichen Probleme seiner Mutter betraf: „Und nach der Demenz kam dann leider auch die Inkontinenz und..."

„Blopp." Sabrina hatte sich eben imaginäre Ohrenstöpsel verpasst. Die "Dating-Schmerzgrenze" war eben überschritten worden. Über die Windelproblematiken seiner Mutter wollte sie jetzt ganz sicher nichts mehr hören.

Jetzt blieben ihr auf die Schnelle nur mehr drei Optionen. „Zahlen" in entsprechender Lautstärke zu rufen, dem Kellner ein Bein zu stellen, wenn er das nächste Mal vorbeikam oder sich mit dem roten Lippenstift SOS auf die Stirn zu malen. In solch einem Moment verspürte Sabrina oft einen gewissen Hang zum Drama.

„Nein, es waren vier Optionen", erkannte sie. Es gab ja eine noch viel logischere Lösung und für diese vierte Möglichkeit entschied sie sich blitzartig. Sie raffte ihre Jacke und ihre Handtasche an sich, murmelte leise in Ewalds Richtung: „Sorry, aber ich muss jetzt wirklich aufbrechen, ich habe noch einen Termin."

„Jetzt ist Schluss mit lustig!", dachte Sabrina. Auf die fröhliche Unterhaltung der Kellner konnte und wollte sie keine Rücksicht mehr nehmen. Sie stürzte auf einen der Kellner zu und ihr grimmiger und entschlossener Gesichtsausdruck signalisierte ihm deutlich: „Bewege dich nicht von der Stelle und nimm sofort das Geld, sonst passiert hier ein Unglück!"

Kapitel 28

Acht Kästen voller Glück

Wie den meisten Frauen machte Sabrina ein Einkaufsbummel Freude und auf modische Kleidung legte sie ausgesprochen viel Wert. So hatte sich im Laufe der Jahre einiges angesammelt.

Anfangs war der Inhalt der Kästen akribisch sortiert gewesen, nach Kleidung für die verschiedenen Jahreszeiten und auch nach Farben. Von Weiß und Elfenbein über die Pastelltöne und die kräftigen Farben Rot und Blau bis hin zu Schwarz war alles in den Schränken verfügbar.

Früher bedurfte es auch nur eines einzigen Griffes, um sofort das gesuchte Kleidungsstück zu finden. Es herrschte wirklich die perfekte Ordnung. Zwischenzeitlich war in den Kästen ein Schlendrian eingekehrt. Es steckte auch viel zu viel drinnen.

Zum einen fiel es Sabrina schwer, sich von etwa zu trennen. Zum anderen ging ihr Gewicht mal ein bisschen rauf und dann auch wieder runter, so dass die Kästen ausreichend Garderobe für alle Jahreszeiten und Anlässe in den Größen 38 und 40 beherbergten.

Und dann gab es auch noch spezielle Kleidungsstücke, die sie an ganz besonders schöne Anlässe erinnerten. Diese durften auf gar keinen Fall in einem Container für Altkleidersammlung landen. Auch die komplett neuen und noch nicht mal getragenen Stücke nahmen einiges an Platz weg. Hierbei handelte es sich um Fehlgriffe aus der Boutique, die ihr ursprünglich gefallen hatten. Zuhause änderte sich das manchmal, wenn sie ein Stelldichein mit einem erbarmungslosen Spiegel hatte und keine Verkäuferin da war, die mit einem gesäuselten „Das passt Ihnen wirklich ganz hervorragend!“, die eigene Wahrnehmung überlagerte.

Kapitel 29

Dating zur Selbstfindung

Sabrina hatte fast das ganze Wochenende in ihrem Traumgarten verbracht und dafür gesorgt, dass es auch ein solcher blieb. Auch ohne den Buchsbäumen, die ihr einiges abverlangt hatten.

Sie hatte Unkraut gezupft, verblühte Blüten abgeschnitten und die Wege gekehrt. Als sie fertig war, beschloss sie nachzusehen, ob es Neuigkeiten von Lukas gab. Sie überprüfte rasch, ob er ihr geschrieben hatte und versank sofort in seinen Zeilen.

„Hallo Sabrina! Nun, Traummann schon gefunden? Weißt du, was das Problem beim Online-Dating ist? Ich denke, es treffen viel zu viele Date-willige Männer auf viel zu wenige und eher Date-unwillige Frauen. Und genau deswegen bekommen Frauen zwar Kontakt zu den tollsten Männern, aber die haben kein Interesse sich an Frauen zu binden, die nicht ihren Vorstellungen entsprechen.

Diese Plattform in München ist dabei eine rühmliche Ausnahme. Da haben auch nette Durchschnittstypen, wie ich, mal eine Chance auf ein Date. Auch wenn es bei der eigentlichen Zielgruppe dann doch etwas mühsam wird. Ich finde, dass die Erfolgschancen für uns Männer in der Realität wesentlich höher sind, als bei einem Kennenlernen in der virtuellen Welt.

Was gibt es Neues bei dir?“

„Hallo Lukas! Mag sein, dass das Verhältnis von Frauen und Männern oft nicht passt, das wird je nach Plattform verschieden sein. Und ja, es kann schon sein, dass die Frauen zögerlicher sind, was die Dates betrifft. Ich glaube, dass es hier auch viele Männer gibt, die einfach nur ein schnelles Abenteuer suchen. Das ersparen sich viele Frauen.

Ach ja, ich muss noch deine Frage beantworten. Leider nein, der Märchenprinz ist noch auf Tauchstation.

Jetzt mal eine erfreuliche Sache. Heute hat mir ein deutscher Mann geschrieben: „Wenn man dein Bild sieht, kann man nur an eine Sache denken.“ Ich hatte mich innerlich schon auf irgendwelche anzüglichen Bemerkungen gefasst gemacht und dann ging der Satz weiter mit den Worten: „Von München nach Wien zu übersiedeln.“ Da habe ich geschmunzelt, aber ich denke, es bleibt bei den Worten. Ich gehe eher nicht davon aus, dass er den LKW mit den Übersiedlungskartons bestellt hat. Das war aber die einzige nette Nachricht.“

„Wenigstens einmal sympathische Zeilen. Ich lerne zurzeit bei jedem Date und jedem Event etwas Neues über mich. Das Dating kommt mir manchmal vor, wie ein Experiment zur Selbstfindung.

Gestern war das wieder einmal eine mittlere Katastrophe für mich. Ich saß mit einer Gruppe von acht Leuten am Tisch in einem netten Lokal. Sie haben sich unterhalten und Witze gemacht. Ich sitze bei solchen Gelegenheiten meistens wie ein Idiot dabei, der nicht bis drei zählen kann. Ich bin ein viel zu ruhiger Typ, um da effektiv mithalten zu können.

Meine Strategie ist eher, ein einzelnes "Opfer“ von der Gruppe zu separieren und mich dann in einer 1:1 Situation um diese Frau zu kümmern. Gestern hat das leider gar nicht funktioniert. Außerdem wusste ich, dass eine Waage-, eine Skorpion- und eine Widder-Frau dabei sind. Als ich die Frauen gesehen habe, war ich mir zu 100 Prozent sicher, wer von ihnen, welches Sternzeichen gehabt hat. Dann habe ich zuhause nachgesehen und alle meine Annahmen waren komplett falsch.

Jetzt bin ich schon am überlegen, ob ich vielleicht doch zu viel auf solche Sachen gebe. Damit jetzt keine Missverständnisse aufkommen, ich mache mir meine Dates nicht nach dem Sternzeichen aus, aber es gibt einfach ein paar Charakterzüge, die ich überhaupt nicht leiden kann. Dazu zählen unter anderem

Männerhass, Dominanz, Selbstverliebtheit und Prinzessinnengehabe, viel Kopf und wenig Gefühl und generell Oberflächlichkeit. Ich kann mit Frauen nichts anfangen, die nie den wahren Kern einer Sache verstehen.

Und nach meiner Erfahrung häufen sich diese Charaktereigenschaften bei manchen Sternzeichen. Aber wie gesagt, vielleicht muss ich das auch nochmal überdenken.

Die meisten Frauen, die ich kennengelernt habe, sind recht selbstbewusst, ein bisschen draufgängerisch und haben das Herz am rechten Fleck. Und im Großen und Ganzen komme ich ziemlich gut klar mit ihnen. Vielleicht ist das Single-Dasein doch nicht so schlecht.

Was dich betrifft, bin ich zwar sicher, dass ich deinem Kriterienkatalog nicht entspreche, aber ich glaube, wir würden trotzdem viel Spaß miteinander haben."

„Ich glaube auch, dass wir Spaß haben würden. Wer weiß, vielleicht mache ich doch mal einen kleinen Abstecher nach München, so aus Jux und Tollerei. Da würdest du wahrscheinlich schön schauen, wenn deine virtuelle Chatfreundin plötzlich in der Realität auftaucht.

Es ist übrigens vollkommen richtig, was du sagst. Man lernt eine ganze Menge über sich selbst beim Dating. Was einem wirklich wichtig ist, was einen berührt und in welchen Bereichen man toleranter sein kann. Also in einem Bereich fehlt mir jegliche Toleranz. Wenn es um Sprache und Kommunikation geht. Ist es wirklich zu viel verlangt, dass man die eigene Muttersprache beherrscht? Ich erwarte ja nicht, dass jemand fünf Sprachen spricht, aber wenigstens eine und ein Austausch sollte doch bereichernd, spannend und lustig sein.

Will ja nicht, dass du eitel wirst, aber ich hatte mit keinem anderen Mann so viel Spaß, wie mit dir."

„Danke! Das Kompliment gebe ich gerne zurück. Wir haben wirklich sehr viel Spaß und tolle Gespräche über Gott und die Welt. Mir ist in letzter Zeit klar geworden, dass ich nichts versprechen kann und will. Ich bin noch gar nicht bereit, irgendwelche Verpflichtungen einzugehen."

„Dann ist das halt so. Verpflichtungen eingehen, das klingt irgendwie nicht gut in meinen Ohren. Ich glaube, ich möchte mit Offenheit verschiedene Männer einfach mal kennenlernen und schauen, was sich entwickelt."

„Es scheint, du bist der spontane Typ!"

„Ja, das bin ich wahrscheinlich. Jetzt werde ich auf alle Fälle spontan ins Traumland gehen.

Ach ja, das habe ich ganz vergessen. Ich hatte ein Date mit einem Forscher. Hätte ich mir aber ersparen können, es war wie eine Expedition ins Tierreich und so langweilig, dass ich fast eingeschlafen bin."

„Das klingt nicht gut. Bin auch müde. Und nächstes Mal möchte ich endlich sensationelle Neuigkeiten von dir hören. Denke bitte an "Pretty Woman". Da hat es mit dem Traummann auch geklappt.

Bis bald, Sabrina!"

„Ciao, Lukas!"

Kapitel 30

Dinner mit Überraschungseffekt

„Oh, das ist eine originelle Nachricht“, dachte Sabrina sich beim Sichten der Zuschriften.

„Ich mag dein Profil, deine Gedanken und Vorstellungen sehr. Würde dich gerne näher kennenlernen. Ich gebe mal meine Fotos für dich frei. Nachdem du sie gesehen hast, was meinst du dazu? Bist du erfreut, begeistert, entsetzt oder erschüttert? Ich hoffe mal, die ersteren Beschreibungen treffen zu.“

Ein attraktives Gesicht und ein spannendes, vielversprechendes Profil erwarteten Sabrina im Posteingang. Sabrina schrieb zurück und sie tauschten sich über verschiedene Themen aus. Nach einigen Mails schlug Stefan ein Telefonat vor, das ebenfalls sehr angenehm und humorvoll verlief. Rasch wurde ein Treffen in einem angesagten, schicken Restaurant in Döbling ausgemacht, einem Nobelbezirk in Wien.

Stefan arbeitete als Förster in der Steiermark, war geschieden und hatte drei Kinder. Sabrina hatte den Eindruck, dass Familie, Natur und Humor für ihn wichtig waren. Er wirkte heiter, locker und entspannt auf sie.

Auf der Plattform zeigte er zwei Fotos von sich. Das erste war ein Kopfportrait, am zweiten präsentierte er sich in einem schicken Anzug. Kein ländlicher Look, mit dem Sabrina angesichts seines Berufes eventuell gerechnet hätte. Sie schloss daraus, dass er ein stilsicherer Mann war, dem auch eine ansprechende Optik wichtig war.

Sabrina hatte bei den Treffen immer schicke Kleidung getragen, doch sie hatte das Gefühl, dass diesmal ein eleganterer Look passender wäre. Sie stöberte daher genüsslich in ihren Kleiderschränken und entschied sich schließlich für einen figurbetonten, schwarz-beigen Rock, ein schwarzes Top und ein dazu passendes kurzes Jäckchen. Dazu wählte sie graphitfarbene Strümpfe und schwarze Schuhe mit hohen Absätzen. Die Absätze waren ein bisschen riskant, da Stefan nur fünf Zentimeter größer war, als sie, aber ihr Outfit verlangte danach. Anschließend widmete sie sich mit Sorgfalt ihrer Frisur und schminkte sich.

Sabrina schnappte sich die passende Handtasche, ging in die Garage zu ihrem Auto und fuhr los.

Nach dreißig Minuten hatte sie das vereinbarte Restaurant erreicht. Sie parkte ihr Auto, ging zum Lokal und öffnete neugierig die Tür. Was für ein Mensch würde sie wohl erwarten? Und würde das gleiche Gefühl von Sympathie da sein, wie beim Mailen und Telefonieren?

Sie hatten einen frühen Zeitpunkt für ihr Treffen vereinbart. Es war erst 18:00 Uhr und das Restaurant war praktisch noch leer, bis auf eine Ausnahme und Sabrina wusste in der gleichen Sekunde, dass dies Stefan war.

Ihr kurzes Stoßgebet, dass der Boden sich öffnen möge, um entweder sie zu verschlingen oder alternativ den zweiten Restaurantbesucher, wurde bedauerlicher Weise nicht erhört. In einer Ecke saß ein schmächtiger Mann mit schmalen Schultern. So hatte er auf seinem Foto mit Anzug nicht auf sie gewirkt.

Er stand auf, kam auf sie zu und raubte Sabrina regelrecht den Atem. Stefan stand vor ihr in abgetragenen Jeans und einem giftgrünen Sweater mit Kapuze, bei dem vorne zwei rosafarbene Bändchen hin- und her pendelten.

Für Sabrina wäre das allein schon schlimm genug für ein Rendezvous gewesen. Doch das Schicksal hatte eine noch härtere Belastungsprobe auf Lager und war unbarmherzig. Auf der Vorderseite des Sweaters war ein imposanter Hirschkopf mit einem prachtvollen Geweih abgebildet. Der Schriftzug "Dirndl-Jäger auf der Pirsch" befand sich oberhalb des Bildes. Und um das Ganze noch abzurunden und jeglichen

Interpretationsspielraum auszuschalten, baumelte von einer Geweihspitze ein schwarzer Büstenhalter herunter.

Sabrina zuckte zusammen und dachte sich innerlich: „Also Partnerlook schaut anders aus, das darf ja nicht wahr sein. Eine Geschmacksverirrung sondergleichen."

Um Ihr Glück noch perfekter zu machen, reichte ihr Stefan maximal bis zur Schulter – gefühlt zumindest. Auch wenn es in Wirklichkeit sicherlich nicht ganz so dramatisch war.

In ihr stiegen Erinnerungen an ihre Tanzschulzeit hoch. Mit 1,75 Meter war sie, im Vergleich zu vielen Burschen, relativ groß gewesen. Sie hatte es schon in jener Zeit gehasst, ihre Tanzpartner zu überragen.

Und als sie Stefan ansah, hatte sie ähnliche Gefühle. Und dann noch dieses mehr als spezielle Styling, das er gewählt hatte. Bei dem Anblick ihres Gegenübers wäre es normal gewesen, die Flucht zu ergreifen, doch irgendwie fühlte sie sich, wie unter Schockstarre. Außerdem hatte sie den ganzen Tag noch nichts gegessen und war hungrig.

„Macht nichts", dachte Sabrina, die stolz auf ihre positive Lebensauffassung war und in allem immer irgendetwas Gutes erkennen konnte – selbst in den unmöglichsten Dingen.

Sie hatten sich ja am Telefon gut unterhalten. Ein Abendessen konnte auch nett sein, wenn es nicht mit dem Traumpartner stattfand.

Ihr fiel auf, dass sie ganz unbewusst den Hirschen öfter ansah, als Stefan. Das Tier mit dem prachtvollen Geweih stahl ihm förmlich die Show. Und der schwarze Büstenhalter aus Spitze tat sein Übriges. So scheußlich dieser Sweater war, irgendwie übte er eine fast magische Anziehungskraft auf Sabrina aus und sie starrte fast permanent darauf.

Sie wählten Wein und Essen aus und Stefan erzählte ein wenig von seiner Familie: „Also geschieden bin ich jetzt seit einem Jahr. Meine Tochter Kathrin, die bald die Matura macht, wohnt bei meiner Ex-Frau. Meine beiden Söhne Max und Tim sind zwölf und vierzehn Jahre alt und leben bei mir. Beide sind schon sehr selbständig."

In diesem Moment ertönte ein penetrantes Grillengeräusch von Stefans Handy. „Zirp, zirp." Sabrina mochte dieses Geräusch sehr, wenn sie es in der Natur wahrnahm, auf einer griechischen Insel zum Beispiel. Als Handy Ton fand sie es jedoch extrem nervig.

Stefan nahm den Anruf rasch an und sprach mit seinem Sohn Tim: „Wieso kannst du die Beispiele nicht rechnen? Ach so, du findest den Taschenrechner nicht. Schau einmal bei mir im Büro, vielleicht liegt er dort auf dem Tisch. Da liegen viele Unterlagen, die musst du vielleicht wegräumen."

Der Kellner servierte die Suppe, die köstlich aussah und Sabrina ein wenig versöhnlich stimmte.

Stefan entschuldigte sich für die Störung und fragte nach Sabrinas beruflichem Werdegang. Sabrina setzte an, um mit ihren Schilderungen zu beginnen, doch mit einem energischen „Zirp, zirp", drängten sich die Grillen schon wieder in den Mittelpunkt und stahlen ihr die Worte.

Stefan hielt schon wieder das Handy an sein Ohr: „Hallo Tim. Ich verstehe. Im Büro liegt er doch nicht. Hast du denn deine Schultasche schon komplett ausgepackt und in alle Fächer hineingeschaut? Dann mach das mal!"

Stefan meinte: „Sorry, aber er hat morgen eine Schularbeit und ohne Taschenrechner wird das ein Problem."

Sabrina lächelte leicht gequält und erwiderte: „Schon okay, vielleicht kann ihm ein Schulkollege einen Rechner borgen."

„Das ist eine tolle Idee!" Stefan nahm unverzüglich sein Handy wieder zur Hand, um Tim anzurufen, doch die Grillen waren schon wieder schneller.

„Zirp, zirp." Tim war schon wieder am Telefon. Stefan gab den Ratschlag von Sabrina sofort an Tim weiter: „Hallo Tim, sprich doch Schulkollegen an. Vielleicht hat einer zwei Rechner und kann dir einen für die Mathematik Schularbeit borgen."

Nach der feinen Spargelcremesuppe folgte eine kross angebratene Dorade und als krönenden Abschluss servierte der Kellner einen flaumigen Topfenschmarren mit Erdbeermousse, der förmlich auf der Zunge zerging. Das Essen war vom Feinsten, einfach phänomenal.

Dazu genossen sie einen herrlichen Pinot Blanc, der Sabrinas ursprüngliche Anspannung nach mehreren Gläsern zwischenzeitlich in pure Heiterkeit verwandelt hatte.

Die gemeinsame Unterhaltung war minimal, da die Grillen und die laufenden Statusmeldungen von Tim den Abend bestritten. Er rief einen Schulkollegen nach dem anderen an und informierte seinen Vater jeweils über den momentanen Stand der Dinge.

Sabrina konnte bei allem Verständnis das immer penetranter werdende Gezirpe dieser "Grillen-Bestien" nicht mehr hören.

So gesehen, war sein Sweater mit dem speziellen Aufdruck, gar nicht so schlecht. Zweifellos interessanter als Stefan, der ständig dieses verdammte Handy an sein Ohr presste.

Ja, der Anblick des Hirschgeweihs mit dem herunterbaumelnden Büstenhalter war auf seine Art wirklich einmalig und würde, so hoffte Sabrina, auch absolut einmalig bleiben.

Kapitel 31

Schuhe sind Rudeltiere – Handtaschen auch

Sabrina hatte einen kleinen Tick. Nun ja, vielleicht auch mehrere. Einer hatte konkret mit Schuhen zu tun. Sie liebte es, Schuhe, Stiefeletten und Stiefel zu kaufen, in den verschiedensten Farben, Materialien und Stilen. Von eleganten High Heels über schicke Pumps bis hin zu flachen, sportlichen Schuhen.

Bei Sabrina zuhause fühlte sich kein Schuh einsam, denn sie wurden in Gruppen gehalten und sorgsam aufbewahrt. Ihre Schuhe waren mehr oder weniger gut geschlichtet, nach den Jahreszeiten, für die sie gedacht waren sowie nach Farben und den verschiedenen Anlässen. Früher hatte sie diesem Thema mehr Zeit und Sorgfalt gewidmet. In letzter Zeit nahm sie es nicht mehr so genau. Es gab wichtigere Dinge im Leben, als die exakte Einhaltung der Schuhordnung.

Die meisten Männer hatten wenig Verständnis für diese Schuhsammlung, obwohl es doch eigentlich logisch war, dass ein Schuh zur Kleidung passen musste. Und wenn diese vielfältig war, musste es natürlich auch das Schuhwerk sein.

Auch die "Geschwister" der Schuhe, nämlich die dazu passenden Handtaschen, mochte Sabrina sehr. Es gab so eine Vielfalt und so unterschiedliche Designs, Ledersorten und Farben. Sabrina liebte den Geruch von Leder und das Gefühl, weiches Veloursleder zu berühren.

Wenn sie eine neue Tasche erwarb, wurde das Innenleben stets mit höchster Sorgfalt geprüft. Wie viele große und kleine Fächer waren vorhanden? Gab es ein praktisches Fach für den Autoschlüssel? War die Tasche groß genug, um die wichtigsten Dinge unterzubringen? Wie fühlte sie sich an? Schmiegte sie sich an den Körper an und hatte sie einen Tragegriff, der nicht von der Schulter rutschte? Und vor allem, was hatte diese eine neue Tasche, die kurz vor dem Besitzerwechsel stand, anzubieten, was eine der anderen nicht auch schon auszeichnete?

Als Profi-Einkäuferin fand Sabrina immer zumindest ein Attribut, um den Neuzugang vor sich selbst zu rechtfertigen. Auch wenn diese Argumentation mit jeder neuen Tasche herausfordernder wurde und sich die Unterbringung immer schwieriger gestaltete.

„Wieso gibt es nicht einen speziellen Kasten für Schuhe und die jeweils dazu passenden Handtaschen? Mit Fächern, die groß genug waren, um eine gemeinsame Aufbewahrung zu ermöglichen. Das wäre doch die perfekte Lösung. Warum ist noch nie jemand auf diese Idee gekommen?“, dachte Sabrina.

Kapitel 32

Metamorphose

„Hallo Lukas! Ich muss dir rasch etwas erzählen. Mich hat es letzte Woche komplett erwischt, auch wenn ich zugeben muss, dass das sehr seltsam war. Ich habe diesen Mann, der in Deutschland lebt, nicht mal persönlich getroffen und trotzdem sind die Schmetterlinge wie verrückt in meinem Bauch herumgeflattert.

Wie ich sein Profil gelesen habe, hätte ich heulen können. Es hat sich für mich angefühlt, wie wenn er es nur für mich geschrieben hätte. Ich habe noch nie zuvor so einen Gleichklang wahrgenommen. Ich dachte: „Endlich bist du da!"

Er hat Seiten in mir geweckt, von denen ich nicht einmal gewusst habe, dass sie bei mir vorhanden sind. Ich habe das Gefühl gehabt, dass dieser Mann entweder der Lebenspartner wird, nach dem ich mich immer gesehnt habe oder dass er mir das Herz brechen wird. Leider hat er sich für Letzteres entschieden."

„Hallo Sabrina! Es scheint, er hat das romantische Mädchen in dir geweckt. Das tut mir sehr leid, dass er dich verletzt hat."

„Ja. Bei ihm habe ich die starke Prinzessin vermisst oder das kleine Biest, die beiden hätten sich wehren können."

„Ich denke in Liebesdingen sollten Männer und Frauen den Ball generell erst mal sehr flach halten. Ich meine damit die gegenseitigen Erwartungen."

„Mit dem flachen Ball hast du sicher Recht. Der Ball kann offenbar gar nicht flach genug sein. Am besten wäre es wahrscheinlich, ihn bei der Partnersuche überhaupt nur am Boden hin und her zu rollen. Wie geht es denn dir? Entschuldige, ich bin momentan nicht ganz bei mir."

„Mir geht es zurzeit so richtig beschissen. Ich glaube, dass ich noch länger brauche, bis ich meine Ehe abhaken kann. Meine Frau und meine Familie hatten doch eine zu wichtige Rolle in meinem Leben, als dass ich das so schnell vergessen könnte. Ich komme noch nicht wieder so richtig in Fahrt. Und irgendwie bin ich mir zur Zeit auch nicht mehr sicher, ob unter den vielen Problemen, die ich derzeit habe, die Partnersuche die wichtigste Angelegenheit ist oder nur eine nette Ablenkung, um mich den wichtigen Themen nicht stellen zu müssen."

Sabrina, ich habe mich jetzt endlich entschlossen, die Scheidung einzureichen. Es hat keinen Sinn mehr, das länger zu verzögern."

„Wenn es überhaupt nicht mehr geht, ist Scheidung einfach ein ehrliches Anerkennen dieses Zustands. Ich wünschte, ich könnte irgendetwas machen, damit es dir besser geht. Die Wahrheit ist aber, dass man da einfach selbst durch muss. Falls es dir ein Trost für dein künftiges Leben ist, möchte ich dir eines sagen. Obwohl ich noch keinen neuen Partner habe, bin ich jetzt zufrieden mit meinem Leben. So, wie es ist."

„Tja, das Schlimme ist, meiner Frau geht es genauso. Sie fühlt sich befreit. Die Scheidung ist der erste Schritt, der von mir kommt. Bei jedem anderen Trennungsschritt hat meine Frau den Entschluss gefasst und dann darauf gewartet, dass ich ihn endlich umsetze. Und das würde genauso weitergehen, wenn ich jetzt nicht das Heft in die Hand nehme."

„Menschen sollten auf ihr Herz hören. Wenn es nicht mehr passt, ist es Zeit zu gehen. Es fühlt sich gut an, wenn man das umsetzt, was man innerlich ohnedies fühlt, stimmig, echt, richtig und authentisch. Das ganze Leben ist Veränderung. Für deine Frau ist das wichtig, ihren Lebensweg zu gehen und für dich auch."

„Ja, das stimmt wahrscheinlich so, Sabrina. Mein Traum war immer, eine gute, harmonische Ehe zu führen, bei der Mann und Frau sich lieben, begehren, ergänzen und mehr ergeben, als die Summe der Teile. Ich habe mir gewünscht, dass wir die Kinder mit Liebe gemeinsam erziehen und einen guten Familienzusammenhalt haben. Dass wir das Leben miteinander genießen, uns gegenseitig inspirieren und zusammen Erfolg und Freude haben. Für diesen Traum war ich bereit, einen hohen Einsatz zu bringen. Und es tut weh, zu erkennen, dass der Partner diesen Traum nicht mehr teilt und wichtige Teile davon nicht mehr leben kann oder will."

„Ich verstehe dich sehr gut, aber manchmal verändern sich Menschen einfach in gegensätzliche Richtungen und dann muss man loslassen. Ja, das tut verdammt weh und man weiß für sich selbst auch nicht, wo die Reise hin geht und diese Ungewissheit ist beunruhigend. Versuche trotzdem, darauf zu vertrauen, dass für euch beide das Beste geschehen wird."

„Sabrina, ich versuche ja, mich damit abzufinden, es ist aber für einen Mann sehr schwer zu akzeptieren, wie fundamental sich die Frauen im Laufe ihres Lebens verändern. Es ist wie eine Metamorphose, allerdings nicht von der Raupe zum Schmetterling sondern eher vom Schmetterling in das große Unbekannte. Und Sinn kann ich darin keinen erkennen."

„Nicht nur die Frauen verändern sich, die Männer auch. Problematisch ist es dann, wenn der Partner sich nicht mitverändert.

Du klingst sehr verbittert, Lukas."

„Ich glaube, dass Männer sich in der Regel sehr viel weniger verändern, als die Frauen. Und ja, wenn die Männer sich nicht mitverändern können oder wollen, ist das ein Problem.

Ich bin noch sehr verbittert, vor allem, weil meine Frau sehr kopfgesteuert war, als sie sich für diese großen Veränderungen entschieden hat. Die Ehe hat für sie keinen Sinn mehr gehabt. Sie hat nicht einmal versucht, sich mit ihren Gefühlen und unserer Beziehung wirklich auseinanderzusetzen."

„Das nimmst du so wahr, Lukas. Möglicherweise stellt sich das aus ihrer Sicht ganz anders dar.

Vielleicht ist es so, wie du sagst, doch wenn einer sich in eine Richtung weiterentwickelt und der andere nicht, passt es einfach nicht mehr. Ich verstehe dich wirklich und ich kann nachfühlen, wie es dir geht. Bitte versuche, trotz allem nicht verbittert zu sein, sondern die Dinge so anzunehmen, wie sie sind."

„Na ja, ich kann das ohnedies alles nur zur Kenntnis nehmen und mich damit abfinden. Dass so etwas gut ist und dass ein Sinn dahinter steckt, kann ich momentan nicht sehen. Das einzig Positive daran ist, dass ich mittlerweile in einem Alter bin, in dem ich mir auch eine Frau aussuchen kann, die ihre Metamorphose bereits hinter sich gebracht hat. Ich brauche nicht mehr eine Katze im Sack zu nehmen."

„Ach Lukas, da schwingt so viel Verbitterung und Zorn in deinen Worten."

„Trotzdem vielen lieben Dank für Deine Worte Sabrina! Irgendwann werde ich hoffentlich auch den ganzen Frust hinter mir lassen können. Jetzt ist erst mal ein paar Tage Erholung angesagt. Vielleicht sieht die Welt danach ja ganz anders aus. Jetzt gerade geht es mir echt beschissen."

„Das wird wieder, Lukas!

Abgesehen von dem deutschen Herzensbrecher gibt es noch Neuigkeiten bei mir. Ich hatte gerade ein Date mit Förster und Grillen. Der tollste Look, den du dir vorstellen kannst. Ein Sweater mit Hirschgeweih, von dem ein Büstenhalter heruntergebaumelt ist. Und darüber befand sich der Schriftzug "Dirndl-Jäger auf der Pirsch". Nun ja, bei mir hat ihm die Pirsch nichts genützt."

„Ich bin sprachlos. Wo nimmst du bloß immer diese Männer her?"

„Das frage ich mich auch. Das sind die Männer, die auf den Plattformen sind. Ich wünsche dir alles Liebe!"

„Gute Nacht, Sabrina! Danke für dein Zuhören!"

Kapitel 33

Ein tierisches Vergnügen beim Italiener

„Ich schreibe an Menschen, die mir mit ihrem Profil Leidenschaft, Intensität, Lebensfreude und Freiheit vermitteln. Du bist für mich so eine Frau. Würde mich freuen, von dir zu hören“, las Sabrina an diesem Abend, als sie vom Büro heimkam. Die Nachricht kam von einem Unternehmensberater. Alexander lebte in Niederösterreich und war um einiges älter, genau genommen, um dreizehn Jahre. Sie klickte auf sein Bild und fand, dass er jünger aussah. Er war nicht ihr Typ und trotzdem hatte er etwas. Es lag wohl an seiner Ausstrahlung, seiner Präsenz und an der Intensität seines Blickes.

Sabrina schrieb ein paar Zeilen an Alexander und gab ihre Fotos für ihn frei.

Kurz darauf schickte Alexander ihr seine Handynummer und bat sie: „Lass uns doch über das Handy kommunizieren.“

Sabrina schickte ihm auch ihre Telefonnummer und nach einigen Minuten kam die erste Nachricht von ihm.

„Wie unterschiedlich deine Bilder sind. Beide zeigen eine sehr schöne Frau und doch sind sie so ganz anders. Das eine zeigt eine Powerfrau, kraftvoll, energiegeladen, eine Frau, die ganz genau weiß, was sie will. Eine harte Nuss, die nicht leicht zu knacken ist. Auf dem zweiten Bild wirkst du verträumt, liebevoll und ganz weich. Auf mich wirkt es unwiderstehlich.“

Sabrina war ein wenig erstaunt über seine Interpretation ihrer Bilder. „Dafür, dass du mich noch gar nicht persönlich kennst, hast du eine erstaunliche Präzision, meine verschiedenen Persönlichkeitsanteile zu beschreiben.“

„Mein Gefühl sagt mir, dass du diesen weichen, verträumten Anteil noch nicht richtig auslebst.“

„Wie meinst du das?“

„Ich glaube, dass jeder Mensch einen Anteil in sich trägt, der sein ganzes Leben lang an einer inneren Tür klopft, solange bis er endlich Gehör findet. Und dieses Bild von dir zeigt diesen Teil so sehr. Weiblich, spielerisch, wie eine Schmusekatze.“

„Schon wieder die Schmusekatze, die verfolgt mich ja regelrecht“, dachte Sabrina und Lukas und sein Märchen kamen ihr in den Sinn.

Sabrina fand es sehr spannend, sich mit Alexander auszutauschen: „Ich habe von deinem Profil den Eindruck, dass du ganz genau weißt, wie die Partnerin sein soll, die du dir wünscht.“

„Schau, manche Menschen schwören darauf, ihre Wünsche an das Universum zu senden und dann voll Vertrauen loszulassen. In der extremen Form auch, darauf zu vertrauen, dass sie erfüllt werden. Ich kann und will das nicht. Ich bemühe mich so lange, bis ich bekomme, was ich mir vorstelle. Mag sein, dass das Universum mir dabei hilft, aber ich brauche das Gefühl, meinen Teil dazu beigetragen zu haben. Ich kann Geschenke nicht einfach nur annehmen. Denn dann hätte ich das für mich unangenehme Gefühl, etwas schuldig zu sein. Und damit assoziiere ich Unfreiheit.“

„Das sehe ich ein bisschen anders. Du sprichst von Arbeit und Anstrengung, das klingt alles sehr nach Verstand. Die sogenannte “Chemie“ ist da oder eben nicht. Ich finde, dafür gibt es nichts zu tun, außer offen zu sein und sie im Jetzt wahrzunehmen. Für mich geht es im Leben darum, gewisse Dinge aktiv zu tun, aber ohne Verbissenheit und dann loszulassen. Wenn man für Liebe arbeiten muss, ist es aus meiner Sicht ein Kuhhandel. Was immer man für den anderen tut, sollte auf einem inneren Wollen und einer freien Entscheidung basieren.“

„Lass uns das doch persönlich besprechen. Darf ich dir für morgen Abend einen Italiener vorschlagen? Ich meine ein Lokal. Magst du doch, oder?“

„Ja, gern, ich mag beides."

„Du unersättlicher Genussmensch, du!

So und jetzt zu uns. Ein Spitzenlokal, du und ich, zwei Wolfshunde und ein Heer von glutäugigen Italienern!"

Sabrina war entzückt: „Das nenne ich Mut! Du nimmst deine Hunde mit? Da freue ich mich!"

Alexander schrieb: „Ist 19:00 Uhr okay für dich? Die genaue Adresse schicke ich dir später auf dein Handy!"

„Ja, das passt gut, ich freue mich schon!"

Als Sabrina am nächsten Tag ihren Posteingang öffnete, sah sie eine lange Nachricht von Alexander.

„Heute habe ich den ganzen Abend darüber nachgedacht, ob ich völlig verrückt bin und die Jahre einfach nicht wahrhaben will. Und dann habe ich gedacht, dass ich drauf pfeife und die Entscheidung dir überlasse. Du wirst schon wissen, was für dich richtig ist.

Oft habe ich Männer verächtlich angeschaut, wenn sie jüngere Frauen an ihrer Seite hatten. „Diese Affen", habe ich mir gedacht. „Sehen sie nicht, wie lächerlich sie sich machen?" Nur bei ganz wenigen war es stimmig, dass die Jugend an ihrer Seite war. Sie hatten eine so faszinierende Ausstrahlung, dass man die Falten in ihrem Gesicht übersehen hat. Bei ihnen und den Frauen daneben habe ich gespürt, dass sie sich auf harmonische Weise ergänzten. Und nichts hat das Bild gestört.

Ich schicke präventiv noch andere Bilder von mir, damit dir wirklich klar ist, was dich erwartet."

Sabrina antwortete: „Haben wir hier eine Altersdiskussion? Ist die nicht verfrüht? Wir wissen noch nicht mal, ob bei einem persönlichen Treffen überhaupt Sympathie da ist."

„Hast schon Recht. Wollte nur nicht so tun, als wäre es selbstverständlich, mich für eine 13 Jahre jüngere Frau zu interessieren. Vergiss es wieder, denn ich habe dir erzählt, dass ich das Risiko liebe. Und dazu zählen natürlich subjektiv empfundene “steile“ Aufgaben und Herausforderungen. Und als eine solche betrachte ich dich. Ich vermute, dass du ähnlich tickst und das Spiel liebst. Etwas zu haben, ist nie so reizvoll, wie etwas haben zu wollen. Das macht die Sache attraktiv und spannend. Hat etwas mit Jagd zu tun. Von mir aus könnte sie ewig andauern.“

„Ja, ich liebe das Spiel und die Phantasie. Die Jagd kann sehr reizvoll sein. Am besten fühlt sich das für mich an, wenn dahinter ein echtes Gefühl steckt. Nur dann kann sich etwas entwickeln.“

„Sabrina, ich will das für mich so ausdrücken. Ich suche die schicksalshafte Begegnung, die mich in den ersten fünfzehn Minuten bis ins Mark trifft. Ich denke, dass nur dann ein Wachstum in der Beziehung möglich ist. Ich kann es kaum erwarten, dich zu sehen und neben der reinen Optik auch alle anderen Eindrücke von dir aufzusaugen, wie Gestik, Mimik, den Klang deiner Stimme, dein Lachen und deinen Geruch.“

„Stimmt, ich muss einen Menschen auch in seiner Gesamtheit spüren und erleben. Ich glaube, dass bei mir innerhalb kürzester Zeit die Entscheidung fällt, ob ein Mensch ein potenzieller Partner sein könnte.“

„Ja, es geht relativ schnell. Und bei alldem suche ich nach einer Harmonie, die dieser Mensch für mich ausstrahlt. Es sind daher die einzelnen Elemente nicht so wesentlich, sondern ihr Zusammenspiel. Und gute Kommunikation ist mir auch sehr wichtig.“

„Mir auch. Dein Kommunikationsverhalten gefällt mir übrigens sehr, Alexander. Ist einer der Gründe, warum meine letzte Beziehung nicht funktioniert hat.“

„Ich habe die Erfahrung gemacht, dass mein Kommunikationsverhalten geweckt werden muss. Etwas Bestimmtes lässt es entstehen, denn das Echo ist nie zuerst da. Ich glaube ein Mensch zu sein, der überwiegend auf eine Vielzahl von Inputs reagiert. Und daher würde ich einer Frau, die sagt, dass ihre

Beziehung wesentlich am Kommunikationsverhalten ihres Mannes gescheitert ist, fragen, warum sie glaubt, dass ihr Mann so wenig mit ihr gesprochen hat."

„Erstens glaube ich, dass es Menschen gibt, für die Sprache und der Wunsch sich auszutauschen wichtiger ist, als für andere. Zweitens, wenn ich dieses Kommunikationsverhalten bei dir wecke, hätte ich es dann nicht bei ihm in gleicher Weise wecken müssen? Ich glaube eher, dass es ein gegenseitiges Verhalten ist, damit diese Art von Fluss entsteht."

„Ein Gedanke dazu. Wenn eine Frau aus irgendeinem Grund mit ihrem Mann schon länger nicht geschlafen hat, er sich aber danach sehnt, kann ich mir schwer vorstellen, dass ihre früher angeregte Kommunikation über sonstige Lebensthemen aufrechterhalten werden kann.

Es geht um eine ausgeglichene Bilanz, damit die Beziehung überhaupt existieren kann. Für viele Frauen steht die Kommunikation nahezu über allem. Bei vielen Männern ist es der Sex. Ich glaube, dass das der Atem ist, der das Zusammenleben zwischen Mann und Frau erst zum Leben erweckt. Im Sex fühlt sich ein Mann angenommen und verstanden. Einer Frau geht es so in der Kommunikation. Ich vermute das stark, obwohl ich nicht im Körper einer Frau stecke. Und die Diskussion, was zuerst da sein muss, um das jeweils andere zu bewirken, wird immer ein Geheimnis bleiben, wie die Liebe."

„Ja, da ist viel Wahres dran. Gelungene Kommunikation ist für mich wesentlich. Der springende Punkt ist für mich, ob sie mich berührt und neue Gedankengänge auslöst. Und körperliche Anziehung und ein gutes Körpergefühl zueinander ist mir wichtig. Damit meine ich jetzt primär nicht Sex, der muss natürlich auch passen. Ich denke, die Reihung ist bei Männern und Frauen einfach ein bisschen unterschiedlich."

„Ja, Sabrina. Das Leben ist nicht erklärbar, sondern nur erlebbar. Damit landen wir beim Jetzt, das du angesprochen hast. Wenn man sich wirklich auf diesen Moment einlässt und sich nicht selbst mit versteckten Gedanken an die Zukunft etwas vormacht, dann ist das Jetzt immer überschaubar, gar nicht komplex und gerade richtig für das menschliche Gehirn."

„Ja, genauso ist es. Ich hoffe, es gelingt mir in erster Linie wahrzunehmen und nicht zu viel zu denken."

„Sabrina, machen wir der Wirkung Platz und versuchen wir gar nicht erst, alles verstehen zu wollen. Ich sehe jetzt nur deinen Mund vor mir. Und du weißt, wozu er mich verleitet. Bis 19:00 Uhr!"

„Ja, bis dann!"

Sabrina hatte ein mulmiges Gefühl. Einerseits war sie berührt von Alexanders Tiefgang und seinen Gedanken, andererseits spürte sie auch Schwermut. Sie suchte Tiefgang und Leichtigkeit.

Abends machte sie sich auf den Weg in die Innenstadt. Als sie von dem italienischen Lokal nur mehr ein paar Schritte entfernt war, sah sie Alexander auf sich zukommen. Er war in Begleitung von zwei wunderschönen Hunden, die beide ruhig an seiner linken Seite gingen. Sabrina und Alexander begrüßten einander, gingen in das Lokal und nahmen an ihrem Tisch Platz.

Die beiden Hunde belagerten Sabrina sofort, die von ihnen hingerissen war, obwohl sie sich kaum bewegen konnte. Ein Hund lag auf einem ihrer Füße, der zweite presste sich fest gegen ihre Wade und hatte den Kopf auf ihre Knie gelegt. Sabrina war entzückt: „Sind die goldig!"

Alexander entgegnete: „Uns gibt es nur im Dreierpack."

„Zwei wären kein Problem", dachte Sabrina sich insgeheim. Was jedoch Alexander betraf, fehlte leider jegliche Anziehung.

Sie bestellten Wein und das Essen, unterhielten sich fünf Stunden und waren die letzten Gäste, die das Lokal verließen, nachdem die Kellner dezent mit ihren Aufräumarbeiten begonnen hatten. Doch der Zauber, den Sabrina beim Schreiben und Telefonieren empfunden hatte, war einfach fort.

Kapitel 34

Essen ist Genuss und Nahrung für die Seele

„Gibt es die perfekte Ernährung und was ist wirklich das Beste für den menschlichen Organismus?“, fragte Sabrina sich. Die Meinungen zu diesem Thema divergierten ja wirklich sehr stark. Man war eigentlich verwirrt, wenn man sich mit den komplett unterschiedlichen Ansichten der Experten beschäftigte. Zumindest erging es Sabrina so.

Was gab es bloß für eine Vielzahl von Ernährungsweisen und Diäten. Da waren die Klassiker, wie Trennkost und vegetarisches oder veganes Essen. Darüber hinaus wurde die Ernährung nach den fünf Elementen angeboten, die Steinzeitdiät, die Blutgruppen- oder die Glyx-Diät und noch viele andere.

Sabrina hatte sich zuerst einen guten allgemeinen Überblick verschafft und dann ihre eigene Meinung zu diesem Thema entwickelt. Sie ernährte sich überwiegend gesund. Nicht, weil ihr jemand entsprechende Vorschriften gemacht hatte, sondern weil sie selbst überwiegend Verlangen nach derartiger Nahrung hatte. Sie liebte Obst, Salat und Gemüse. Neunzig Prozent der von ihr konsumierten Speisen fielen in diesen Bereich.

Die restlichen zehn Prozent waren ernährungstechnisch betrachtet ungesund, aber eben köstlich. Sabrina war der festen Überzeugung, dass gelegentliche kleine Sünden durchaus erlaubt waren.

Ab und zu hatte sie Appetit auf Marillen Palatschinken, ein Stück Schokolade oder einen großen Eis Coup. Das war für sie absolut in Ordnung. Sie aß diese Dinge dann nie mit schlechtem Gewissen, sondern mit purem Genuss. Sabrina betrachtete diese Momente immer als Streicheleinheiten für die Seele und so gesehen, stellten sie ein Pflichtprogramm dar.

Kapitel 35

Déjà-vu Erlebnisse

Sabrina war neugierig. Sie fand den Austausch mit Lukas inspirierend, spannend und oft auch sehr amüsant. Beim letzten Kontakt hatte er allerdings sehr niedergeschlagen und verbittert geklungen. Sie hoffte, dass er wieder in einer besseren Stimmung sein würde.

„Was wird wohl das Thema des heutigen Abends sein?", fragte sie sich gespannt und öffnete den Posteingang auf ihrem Computer. Da war sie schon, die neue Nachricht von Lukas, ihrem virtuellen Begleiter bei der Partnersuche.

„Guten Abend, liebe Sabrina! Ich hoffe, dass du in einer positiveren Stimmung bist, als ich. Irgendwie lerne ich gerade sehr viel über das Leben. Ich habe eine neue Frau kennengelernt und nach ganz kurzer Zeit habe ich festgestellt, dass ich auf fast die gleichen Probleme, wie in meiner Ehe, stoße. Das gibt mir doch sehr zu denken."

„Welche Probleme sind das?", fragte Sabrina interessiert.

„Die Lady meinte, ich würde sie durch meine unachtsamen Worte und Aktivitäten mit so vielen kleinen Nadelstichen bis ins Herz treffen, dass sie all die Zärtlichkeiten in der Nacht nur schwer genießen kann.

Und meine Aufmerksamkeiten ihr gegenüber kämen mehr aus meiner aktuellen Stimmung heraus und weniger aus Überzeugung oder aus dem Herzen. So wie das bei einem Kind ist, das aus einer Laune heraus agiert. Und es ist ihr in dieser Woche bewusst geworden, dass der Italiener doch der bessere Mann für sie ist."

„Ach Lukas, das tut mir sehr leid. Was sind das für Stiche, die du austeilst? Sind sie dir selbst bewusst?

Von mir weiß ich, dass ich früher ganz schön grauslich sein konnte. Ich habe Sticheleien ausgeteilt und sie mit einem charmanten Lachen unter dem Motto "witzig" getarnt. Für den anderen fühlt sich das aber gar nicht gut an. Ich kann nicht beurteilen, ob das bei dir so ist, aber mir ist bewusst geworden, dass man mit dieser Methode echte Nähe und Gefühle absolut treffsicher verhindern kann."

„Ich denke, dass ich Gefühle sehr stark empfinden und leben kann. Wenn ich mit einer interessanten Frau zusammen bin und ein Prickeln und Interesse auf ihrer Seite spüre, dann beflügelt mich das sehr. Ich kann dann überaus aufmerksam, liebevoll und charmant sein. Auf der anderen Seite ist es äußerst schwierig für mich, über die Enttäuschung hinweg zu kommen, wenn das Prickeln nicht mehr da ist, ich fehlendes Interesse spüre oder mitbekomme, dass sie wegen mir schlecht gelaunt ist.

Manchmal kommt es auch vor, dass mich etwas stresst oder nervt. Dann versuche ich zwar, diese Stimmung zu unterdrücken, aber wer mich kennt, merkt natürlich sofort, was los ist. Und für irgendwelche Aufmerksamkeiten oder positive Impulse fehlt mir dann erstmal die Kraft. Oft ziehe ich dann einfach ohne viel Rücksicht mein eigenes Ding durch. Ich habe jetzt sehr deutlich gespürt, dass ich hier etwas ändern muss.

Meine Noch-Ehefrau und die neue Dame haben sich deshalb mehrfach beschwert. Sie finden, ich würde treffsicher das Wir-Gefühl zerstören. Auf der anderen Seite habe ich den Eindruck, dass beide ihre eigenen Gefühle nicht verstehen. Ich glaube, dass sie ihre negativen Emotionen so lange ignorieren und wegdrücken, bis sie unter der Last zusammenbrechen. Die andere Option, die sie haben, ist wegzulaufen, um diesen Gefühlen auszuweichen."

„Lukas, ich kann dich gut verstehen, es ist nicht einfach mit Gefühlen umzugehen. Ich finde, dass es ganz wesentlich ist, achtsam zu sein. Es ist wichtig, Gefühle jeder Art bei sich selbst und anderen wahrzunehmen, zuzulassen und auch ansprechen zu können. Und noch etwas verrate ich dir. Die Dinge, die dich bei anderen zum Auszucken bringen, haben immer etwas mit dir und deinen Themen zu tun. Meistens mit deinen eigenen unterdrückten Gefühlen. Du hast erwähnt, dass du versuchst, deine Stimmung zu verbergen. Ganz schlecht, du gehst in den Widerstand, das kostet dich extrem viel Energie. Nimm das an, was da ist. Glaube einer alten "Widerstandskämpferin".

Du hast geschrieben, dass beide Frauen ihre Gefühle nicht zulassen. Mit ziemlicher Wahrscheinlichkeit kannst du davon ausgehen, dass dies auch dein Problem ist. Im Außen wird dir gezeigt, wie es in deinem Inneren aussieht."

„Dann habe ich einiges zu tun."

„Ja, Beziehungsarbeit ist herausfordernd."

„Ich weiß nicht wieso, aber ich treffe immer wieder auf Frauen, die extreme Probleme mit Männern haben. Die einem Partner nicht mehr vertrauen können und zum Teil sogar panische Angst vor ihm haben. Es scheint, dass ich diese Frauen regelrecht anziehe.

Die Frau, die ich gerade kennengelernt habe, ist vom Typ her, wie das Spiegelbild meiner Frau. Es treten genau die gleichen Probleme auf. Vielleicht hat das Ganze ja auch einen tieferen Sinn."

„Wahrscheinlich geht es darum, eine bestimmte Lernerfahrung zu machen. Und wenn du sie nicht machst, triffst du wieder eine ähnliche Frau und bekommst eine neue Chance, dich weiterzuentwickeln."

„Verstehe. So kann man das positiv formulieren. Und dahinter steckt: „Nichts gelernt und daher zurück an den Start." Möglicherweise ist das genau der springende Punkt. Da werde ich in Ruhe darüber nachdenken."

„Mach das. Ich hatte übrigens wieder ein Date. Tolle Gespräche, aber sonst hat es nicht gepasst."

„Das wird schon noch. Danke! Gute Nacht, Sabrina!"

„Gute Nacht! Ich wünsche dir alles Gute!"

Kapitel 36

Ein kostspieliges Rendezvous

„Hallo Unbekannte, dein Profil berührt mich gerade sehr. Da ist alles drinnen, wonach ich suche. Es ist anspruchsvoll, intelligent, humorvoll, warmherzig, ein bisschen crazy und voller Lebensfreude. Ich suche ihn auch, diesen ganz besonderen Menschen, der die eigene Welt komplett auf den Kopf stellt. So wie du, liebe auch ich es, zu reisen und neue Plätze und Kulturen zu entdecken. Weißt du, was einer meiner Lebensträume ist? Ich möchte in ein paar Jahren mit einem Boot um die Welt segeln. Kannst du dir das vorstellen?"

„Puh", na das war eine Frage, die Adrian, 56 Jahre, ihr da in aller Früh stellte. Sabrina saß gerade beim Frühstück und genoss das herrliche Aroma ihres Kaffees und die Neuigkeiten im Posteingang. Ein ganz schön kühnes Unterfangen, so eine Weltumseglung. Beinahe hätte sie sich verschluckt.

Sie sah sich in Ruhe sein Foto an. „Ein sehr attraktiver und interessanter Mann", dachte Sabrina. Seine Ausstrahlung erinnerte sie ein bisschen an den Schauspieler Maximilian Schell in jungen Jahren. Sie konnte sich kaum der Intensität seines Blickes entziehen und sein Lachen war unwiderstehlich.

Sie gab ihre Fotos für ihn frei und schrieb rasch zurück. „Hallo Adrian, wenn die "Chemie" passt, kann ich mir fast alles vorstellen. Ich segle sehr gern. Vielleicht nicht gleich um die ganze Welt, doch da würden wir sicher einen Kompromiss finden. Du hast ein nettes Lachen und tolle Augen.

Was hältst du denn von einem Telefonat? Ich wüsste gerne, wie deine Stimme klingt."

Adrian antwortete unverzüglich: „Ich sitze gerade in einem Meeting. Danach möchte ich sehr gerne mit dir telefonieren."

Einige Zeit später telefonierten sie. Adrian hatte eine sympathische Stimme und es gab viele gemeinsame Gesprächsthemen. Wie Sabrina arbeitete er in einem internationalen Konzern. Er wollte sein Leben ändern, mehr leben, statt zu funktionieren und träumte vom Ausstieg. Am Abend schickten sie einander Nachrichten über das Handy.

„Hallo Adrian, das war ein sehr sympathisches Gespräch."

„Das sehe ich auch so. Übrigens danke für die bezaubernden Fotos, Sabrina!"

„Du wirkst auf mich spannend und sehr lebendig."

„Ja, das bin ich. Und wir haben beide keine Angst vor Veränderungen und Lust auf Neues."

„Es gefällt mir sehr, dass du Träume hast und diese verfolgst, aber kein Träumer bist, sondern ein Mensch, der mit beiden Füßen fest auf dem Boden steht. Diese "Zutaten" sind perfekt!"

„Ja. Ich bin mittlerweile Konzern-gesättigt. Diese vielen Regeln, Prozesse und Hierarchien, diese politischen Querelen und Intrigen. Kein Platz für Kreativität, Intuition und Gefühl. Ein Konzern hat keinen Platz für Gefühle und Träume. Darum kommunizieren nun wir beide miteinander und die Träume mit dir erscheinen vielversprechend."

„Weißt du, was mich interessieren würde. Was macht dich im sogenannten Alltag glücklich? Was wünschst du dir? Wie möchtest du leben? So, jetzt kannst du dem Konzerntag etwas Produktives, Sinnvolles abgewinnen."

Adrian antwortete rasch: „Ich wünsche mir ein Leben, das dominiert wird von Harmonie, Vertrauen, Respekt, Lebensfreude und Intensität. Ich liebe Bücher, Bewegung, Kunst, Reisen und fremde Kulturen, gute Filme und hundert andere Dinge. Ich bin sehr vielfältig, auch spontan und kann mich selbst für vieles voll begeistern.

Ich möchte in einem kleinen alten Schloss auf einem Hügel leben und wenn das nicht geht, dann in einer schönen Altbauwohnung in der Innenstadt und auch auf dem Land.

Ich brauche beides, das Flair der Stadt und die Stille der Natur.

Im Alltag erfreuen mich die kleinen Dinge. Mein Training, jeden Tag mit dem Rad in die Firma zu fahren, ein gutes Buch, ein Glas Bier oder Wein, eine Pasta und die Sonnenstrahlen auf der Haut."

„Das klingt wunderbar, Adrian."

„Es ist wunderbar."

„Träume etwas Schönes von mir."

„Und was tun wir im Traum, Sabrina?"

„Ich weiß ja nicht, was du magst. Ich liebe Zärtlichkeit und heiße Küsse, aber vielleicht sollten wir uns zuerst kennenlernen?"

„Wieso? Wenn wir uns nicht gefallen, geben wir uns ein Wangenbussi und trennen uns wieder. Doch wenn wir uns gefallen, dann würden wir schon vorher wissen, was der Andere mag und was nicht."

Adrians Logik hatte etwas Bestechendes, doch Sabrina erwiderte: „Ich denke aber, wir würden es ziemlich schnell herausfinden."

„Meine Küsse würdest du lieben und nie mehr vergessen."

„Du meine auch nicht."

„Hm, jemand der gleich gut küssen kann, wie ich?"

Adrian, verrate mir mal eines. Brauchst du lange, um zu wissen, ob eine Frau dich anzieht? Oder bist du eher der Typ, für den sozusagen "der Blitz einschlägt"? Damit meine ich, ein Blick in die Augen, "zack" und alles ist klar."

Und Sabrina setzte fort: „Ich glaube, ich weiß ganz schnell, ob es passen könnte."

„Sabrina, ich brauche zwei Sekunden – das Begrüßungsküsschen reicht. Ich dringe in deine Intimsphäre ein, dort wo normalerweise niemand hinkommt.

Dies geschieht ohne jeglicher Berührung, einfach nur durch die Annäherung und unsere Körper reagieren sofort darauf, entweder positiv oder negativ."

Sabrina erwiderte: „Zwei Sekunden reichen mir nicht. Du hast zwar Recht, der Körper weiß das so schnell, aber ein bisschen mehr Zeit möchte ich schon haben. Ausstrahlung, Energie und Stimme müssen schon wirken, um den gesamten Wohlfühleffekt wahrnehmen zu können."

„Wir nehmen uns jede Menge Zeit. Schlaf gut!"

„Du auch!"

Am nächsten Tag sah Sabrina, dass Adrian ihr schon wieder geschrieben hatte. „Guten Morgen, hübsches, neues Bild in deinem Profil. Trägst du die Haare zurzeit so?"

„Ja, ich habe sie mir letzte Woche kürzer schneiden lassen. Sie sehen jetzt ein bisschen anders aus, als auf den anderen Bildern. Ich überlege sogar einen richtigen Kurzhaarschnitt, aber noch bin ich für diesen Schritt zu feige. Wenn mir das nicht gefällt, dauert es im Minimum zwei Jahre, bis sie wieder nachgewachsen sind."

„Wie wäre es mit einer Computer Simulation vom Gesicht?"

Sabrina musste angesichts dieser Aussage grinsen, doch Adrian korrigierte sich schnell: „Also ich meinte eine Frisur-Simulation, das Gesicht soll schon so bleiben, wie es ist."

Sabrina antwortete mit einem herzhaften Lachen: „Ich habe mich gerade gefragt, ob du mir zu einer Vorschau auf ein Facelifting rätst."

„Da habe ich gerade noch die Kurve gekratzt."

„Haarscharf."

„Sabrina, du spürst es auch, oder?"

„Tja, du spukst ganz schön in meinen Gedanken herum."

„Und du in meinen."

„Adrian, eine Sache stimmt nicht, die ich dir gesagt habe. Ich bin nicht gelassen, wenn ich mir vorstelle, dich zu treffen."

„Ich hoffe, dass du nicht gelassen bist."

„Ich verstehe das gar nicht. Wie schaffst du das bloß, mich mit ein paar Nachrichten so zu bezaubern?"

„Das liegt daran, dass wir ähnlich schwingen. Sollten sich unsere Schwingungen überlagern, besteht die Gefahr, dass wir in Resonanz geraten."

„So wie du aus der Ferne wirkst, könnte das sehr spannend sein. Bin neugierig, wie das sein wird, wenn du vor mir stehst."

„Aber Achtung, es könnte intensiver werden, als du glaubst, denn ich bin kein virtueller Typ."

„Sag mal ganz ehrlich, was hast du für ein Gefühl zu unserem Treffen?"

„Ein gutes."

„Ich auch. Kann es sein, dass du in manchem auch einfach crazy bist, so wie ich? Eine erschreckende Vorstellung. Nein, nicht erschreckend, aufregend!"

„Du, wenn die anderen normal sind, dann bin ich gerne verrückt."

Sabrina grinste: „Ja, das sehe ich genauso. Sag, woran denkst du, wenn du von Intensität schreibst, nur an Sex?"

„Natürlich nicht. An eine Ekstase der Harmonie und Synergie von Geist, Gefühl, Seele und Körper."

„Wow, schöner kann man es kaum zusammenfassen. Ich habe gehofft, dass du alles willst, weil ich mir das wünsche. Aber ich muss aufpassen, dass ich dir nicht meine Projektionen überstülpe."

„Sabrina, ich muss jetzt weg, melde mich am Abend."

Es war bereits spät, als Adrian sich wieder meldete. „Hallo Sabrina. Was ich dir noch sagen wollte, dein letztes Foto sprüht vor Schönheit und Lebensfreude. Ich habe schon die ersten Sommersprossen entdeckt. Die müssen alle geküsst werden."

„Hallo Adrian, bin müde und schon im Bett. Gute Beobachtungsgabe, da wirst du ein Weilchen beschäftigt sein."

„Je länger, umso besser."

„Du scheinst so sicher zu sein."

„Ich fühle Anziehung. Und ich glaube an meine Gefühle."

„Eines würde mich interessieren, diese Intensität, die du beschreibst, hast du die so schon mal gefunden und mit einer Frau gelebt?"

„Ja, und ich möchte das wiederhaben und vielleicht noch intensivieren."

„In einem Mann habe ich alles, was ich mir wünsche, noch nie gefunden, aber als positiv denkender Mensch – die Hoffnung stirbt zuletzt."

„Es gilt, es einfach zu wollen, zu suchen und zu verlangen."

„Naja, Männer, die mich interessieren könnten, laufen nicht gerade rudelweise durch die Gegend. Aber andererseits – einer würde ohnedies reichen, wenn es der Richtige ist."

„Das hoffe ich, dass Einer reicht."

„Träume etwas Schönes, Adrian."

„Du auch, Sabrina."

„Adrian, du könntest davon träumen, dass wir uns irgendwo treffen. Ich habe einen Trenchcoat an."

„Sabrina, du hast im Bett einen Trenchcoat an?"

„Wieso im Bett? Nein, so durchgeknallt bin ja nicht mal ich. Nein, wir könnten uns in irgendeiner Bar treffen und darunter trage ich ein Nichts aus Spitze."

„Oh mein Gott!"

„Du verkraftet das schon."

„Du auch? Ich würde es mir zur Aufgabe machen, dich mit meinem Mund auszuziehen, ohne dir zu nahe zu treten."

„Aber hoffentlich nicht gleich in der Bar. Übrigens, die Trenchcoat-Sache steht nicht am Plan für unser erstes Treffen."

„Hey, wir sind doch gerade bei Phantasie und Träumen."

"Jetzt schauen wir mal, wie die Live-Begegnung ist. So vertraut wie jetzt oder total fremd."

„Du vergisst, dass wir uns immer mehr annähern und dadurch viele eventuelle Defizite eliminieren. Kleine, fehlende "nice to haves" registrieren wir gar nicht mehr."

„Vergesse ich nicht, ist mir total bewusst, Adrian."

„Wichtige Kernelemente haben wir durch unsere Telefonate und das Schreiben geklärt."

„Ja, das sehe ich genauso, wie du."

Ich habe auch das Gefühl, dass wir ein Thema nach dem anderen abhaken.

Adrian, woran denkst du gerade?"

„An deine Sommersprossen."

„Die freuen sich schon auf deine Küsse. Ich finde dich unglaublich. Momentan habe ich das Gefühl, das Universum hat meine Träume mit den Profilen hier abgeglichen und dich geschickt."

„Das muss so sein, Spannung und Prickeln."

„Für den Fall, dass ich vor Aufregung einen Herzstillstand habe, wenn du vor mir stehst, hoffe ich, dass du dich mit Wiederbelebung auskennst?"

„Ja, ich habe einmal so einen Defibrillator-Kurs gemacht."

Sabrina lachte auf und schrieb: „Du bist ein Ekel!"

Doch die nächste Nachricht war schon da: „Sorry, du meinst etwas anderes. Ja, das kann ich auch. Aber Achtung, da muss ich auch Herzmassage machen. Ich müsste also die Knöpfe an deiner Bluse öffnen."

„Das ist aber jetzt echt blöd."

„Sorry, aber das muss sein. Ich würde deine Brust freilegen."

„Klingt irgendwie nach Herz Operation."

„Ich würde meine Handballen auf dein Brustbein legen und dich beatmen."

„Dann kann ja nichts mehr schiefgehen."

„Zweimal Mund zu Mund Beatmung und dann zwanzig Mal Herzmassage."

„Da wird die rechte Brust beleidigt sein, wegen grober Vernachlässigung."

„Wenn ich so darüber nachdenke, ich glaube in deinem Fall ist es besser, hundert Prozent Mund zu Mund Beatmung und hundert Prozent Brustmassage zu machen – links und rechts."

Sabrina erwiderte lachend: „Ja, ich glaube auch, dass das besser ist.

Sabrina genoss Adrians Schlagfertigkeit und seinen Humor.

„Sabrina, jetzt mal ganz etwas anderes. Was hältst du denn von einem Treffen? Eventuell morgen gegen 17:00 Uhr?"

„Gute Idee. Wir könnten uns auch gerne irgendwo in der Steiermark treffen. Wäre sicher schön, bei dem herrlichen Wetter."

„Okay, ich suche ein nettes Lokal aus und melde mich morgen. Gute Nacht!"

„Gute Nacht, Adrian!"

Am nächsten Tag schickte Adrian um 13:00 Uhr eine SMS an Sabrina: „Fahre gerade los. In Pöllauberg gibt es einen netten Gasthof am Berg. Bin zirka um 15:30 Uhr dort und halte dich auf dem Laufenden."

Also, spontan war Adrian, keine Frage.

Sabrina machte sich rasch fertig und entschied sich für Jeans, eine lässige Bluse und eine Lederjacke.

Sie setzte sich in ihr Auto und fuhr in Richtung Süden. Als sie auf der Autobahn war, schickte ihr Adrian eine SMS mit der genauen Adresse und informierte sie, dass er am Parkplatz vor dem Lokal auf sie warten würde.

Den ersten Teil der Strecke ging es zügig dahin, doch etwa zwanzig Kilometer vor dem Ziel wurde es mühsam. Das Navi schien sie wie wild durch die Gegend zu schicken. Und auf einmal war Sabrina mitten im Wald, auf einer extrem schmalen Straße. Sie fragte sich, ob sie noch auf dem richtigen Weg war. Eine Serpentine schlängelte sich nach der anderen. Die Fahrt kam Sabrina mittlerweile endlos vor.

Endlich tauchte das Ortsschild vor Sabrina auf. Zu ihrer eigenen Überraschung hatte sie es nun tatsächlich geschafft. Pünktlich um 15:30 Uhr parkte sie ihr Auto. Sie griff nach ihrer Handtasche und der Lederjacke und wollte aussteigen, als sie plötzlich realisierte, dass sie den Autoschlüssel nicht hatte. „Das gibt es ja nicht, gerade war er doch noch in meiner Hand“, fluchte sie verärgert.

Zuerst suchte sie am Beifahrersitz, dann in der Handtasche und schließlich verschwand ihr Kopf unter dem Lenkrad. Sie fragte sich, ob der Schlüssel vielleicht herunter gefallen war und womöglich bei den Pedalen lag. Als sie sich gerade verrenkte und den Bereich unter ihrem Sitz abtastete, öffnete jemand die Autotür.

„Hallo Sabrina, kann ich dir helfen?“

Einen Mann in genau so einer Situation kennenzulernen, zählte zweifellos zu den Dingen, auf die Sabrina gern verzichtet hätte.

Adrian hatte wie vereinbart auf sie gewartet und Sabrina war es endlich gelungen, den Autoschlüssel unter ihrem Autositz zu fassen. Sie befreite sich aus ihrer misslichen Lage, begrüßte Adrian und erzählte von ihrem Problem mit dem Schlüssel.

Anschließend gingen sie in das Lokal und bestellten Wein. Jetzt hatte Sabrina erstmals die Gelegenheit, Adrian in Ruhe anzusehen. Sie versuchte das Bild, das sie von ihm gesehen hatte, mit der Realität in Einklang zu bringen und war irritiert.

„Dieser Mann ist nie und nimmer 56 Jahre alt“, dachte Sabrina. Sie hätte ihn auf mindestens 65 Jahre, wenn nicht sogar älter, geschätzt. Sie musterte ihn und registrierte, dass auch seine Haare ganz anders aussahen, als auf dem Foto, irgendwie komisch. Waren seine Haare echt? Oder trug er ein Toupet? Auf alle Fälle schienen sie toupiert worden zu sein. Sie waren etwas hochgetürmt und mit Haarspray fixiert.

Und der Geruch, den sie wahrnahm, war unbeschreiblich. Für Sabrina waren gute Gerüche extrem wichtig. Sie hatte Adrians herben, holzigen Duft schon beinahe in ihrer Nase gehabt, genau genommen, die Vorstellung davon. In der brutalen Realität wurde sie förmlich in seine unglaublich penetrante und süßliche Duftwolke eingehüllt.

Adrian erzählte etwas, doch Sabrina war nicht in der Lage, ihm inhaltlich zu folgen. Denn als nächstes blieben ihre Blicke wie gebannt an seinen Zähnen hängen. Diese waren zwar absolut perfekt geformt und strahlend weiß, aber irgendwie eben zu perfekt und zu weiß. Sie sahen künstlich aus und Sabrina musste an ihre Oma denken. Bei ihr hatte das Gebiss manchmal geklackert, weil es nicht mehr richtig gepasst hatte.

Ihre Gedanken fingen an, zu galoppieren. Hatte sie gerade ein Date mit jemandem, der seine Zähne abends in ein Glas legte, das am Nachtkästchen stand?

Die Vorstellung, dass ein Mann virtuelle Mund zu Mund Beatmung mit ihr gemacht hatte, der womöglich ein künstliches Gebiss im Mund hatte, raubte ihr den Atem. „Das kommt davon, wenn man sich durch schöne Worte in der virtuellen Welt mitreißen lässt“, dachte Sabrina bedauernd. Manchmal war Spontanität doch nicht so gut.

Und dann kam ihr das Wort “Trenchcoat“ in den Sinn. „Mit einem Mann, der aussieht wie ein attraktiver Filmstar, hätte das bei einem romantischen Treffen eine heiße Sache werden können“, dachte Sabrina. Ein verspielter “Knabber-Biss“ war dabei durchaus in Sabrinas Vorstellungen gewesen. Aber jetzt waren die Karten neu gemischt. Bei der Vorstellung vom “Klacker-Biss“ war kein Platz mehr für Erotik.

Adrian schien mittlerweile mitbekommen zu haben, dass Sabrina aus dem Wundern nicht mehr heraus kam und sagte mit leiser Stimme: „Ich muss dir ein Geständnis machen, ich bin etwas älter, als ich dir geschrieben habe. Mir hat dein Profil so gefallen und ich dachte, du hast sonst keine Lust, mich zu treffen.“

„Was heißt “etwas“ älter denn genau?“

„Ich bin 70 Jahre.“

„Und wie alt bist du auf dem Foto, das du im Profil hast?“

„Auf dem bin ich etwa 50 Jahre. Sabrina, bitte sei nicht sauer, ich möchte dir das erklären.“

Sabrina war sauer. „Und da lässt du mich so weit fahren, um das herauszufinden. Du brauchst mir gar nichts mehr erklären. Das ist ein starkes Stück! Ich fahre jetzt zurück. Ciao!“ Jetzt war sie wirklich ungehalten und hatte kein Interesse mehr an irgendwelchen Erklärungen von Adrian. Sie holte sich ihre Lederjacke und ging zu ihrem Auto.

Die Heimfahrt war zügig, da sie es geschafft hatte, auf eine andere Straße zu kommen. Diesmal musste sie sich nicht durch endlose Serpentinen quälen. Auf der Autobahn kam sie flott voran – zu flott. An einem bestimmten Radargerät, von dem sie eigentlich ganz genau wusste, dass es an dieser Stelle auf rasante Autofahrer lauerte, fuhr sie viel zu schnell vorbei. Als der grelle Blitz aufleuchtete, bremste sie automatisch, doch das änderte sicher nichts am Strafmandat.

Sabrina dachte sich: „Das Einschlagen vom Blitz hatte ich mir anders vorgestellt. Es scheint, dass man die Wünsche an das Universum noch klarer formulieren muss.“

In den nächsten Wochen war Adrian nicht mehr in ihren Gedanken. Bis zu dem Tag, als sie von der Bundespolizeidirektion ein Strafmandat für ihre rasante Heimfahrt aus der Steiermark erhielt. Sie warf einen Blick auf den Erlagschein und schluckte. Von diesem Moment an war klar, dass sie Adrian nicht so rasch vergessen würde.

Kapitel 37

Die sportliche Komponente

Sabrina hatte schon einige Anläufe mit Fitnessclubs gestartet. Meistens resultierten diese jedoch darin, dass das gratis durchgeführte Probetraining, das einzige sportliche Unterfangen blieb. Der Geruch in den Trainingsräumen hatte nie zu ihrem Wohlgefühl beigetragen.

Einige Male hatte sie trotzdem energisch versucht, sich zu motivieren und Jahreskarten erworben, die dann drei- bis viermal verwendet wurden. Nicht wöchentlich oder monatlich, sondern bedauerlicher Weise im gesamten Jahr.

Sie mochte einige Sportarten, wie Schifahren, Wandern, Schwimmen und Segeln, doch eine perfekte Sportlerin war sie nicht. Irgendwie fehlte es an Gelegenheiten, die sportlichen Aktivitäten mit anderen durchzuführen. Und alleine machte es ihr einfach keinen Spaß. Sabrina musste zugeben, dass ihr bei diesem Thema die nötige Disziplin und Konsequenz fehlten. Der innere Schweinehund sabotierte ihre Bemühungen schon sehr beharrlich. Es war unglaublich schwierig, ihn zu disziplinieren, denn er schien immer das letzte Wort zu haben.

Schließlich beschloss sie, sich zuhause sportlich zu betätigen. Sie entschied sich für die Anschaffung eines Hometrainers und stellte ihn in einem Raum auf, den sie zum Fernsehen und Bügeln nutzte. „Filme anschauen und gleichzeitig Sport machen“, dachte Sabrina. Das war ein guter Plan!

Rasch übernahm das Fitnessgerät eine tragende Rolle, denn die Lenkstange stellte sich als idealer Platz heraus, um gebügelte Blusen aufzuhängen, bevor sie in den Schrank geräumt wurden. In Folge stellte sich diese Funktion als die die einzige tragende Rolle des Hometrainers heraus.

Kapitel 38

Auswandern als Lösung des Beziehungsproblems

Es herrschte absolutes Traumwetter an diesem Wochenende und Sabrina machte es sich im Freien gemütlich. „Wie geht es wohl Lukas?“, fragte sie sich und checkte, ob schon eine neue Nachricht im Posteingang gelandet war. Da war sie schon!

„Liebe Sabrina, ich hoffe, dass bei dir alles okay ist!

Es gibt Phasen, da habe ich das starke Gefühl, dass deutsche Frauen und ich nicht kompatibel sind. Ich empfinde so viele von ihnen als zu stark und zu dominant. Vielleicht sollte ich auswandern? Thailand ist zum Beispiel ein faszinierendes Land für Männer, wie mich. Ich finde, es gibt dort sehr viel weibliche Energie. Die Frauen sind herzlich, zierlich, weiblich und nicht so aggressiv emanzipiert. Als europäischer Mann spielt man zwei Klassen höher, als zuhause. Man kann innerhalb von ein paar Wochen so viele Erfahrungen sammeln, wie zuhause in fünf Jahren.“

Sabrina musste lachen und antwortete unverzüglich: „Lieber Lukas, das hört sich gut an, vielleicht solltest du auswandern.“

„Möglicherweise wäre das eine gute Idee. Abgesehen davon habe ich auch gemerkt, dass Frauen derzeit im Grunde nicht mein Hauptproblem sind. Ich muss schauen, dass ich mein Leben wieder komplett in den Griff bekomme. Was tut sich bei dir?“

„Ich habe gerade einen sehr männlichen Mann kennengelernt. Sehr charismatisch und ein absoluter Gefühlsmensch. Ich weiß aber noch nicht, was dabei herauskommt.“

„Eines ist schon sehr interessant. Du suchst einen sehr männlichen Mann und ich sehne mich nach einer sehr weiblichen Frau. Für dich vielleicht Italien oder Griechenland und für mich Asien. Im Zweifel einen Versuch starten, der über kulturelle Grenzen hinweg geht. Auch wenn die Wahrscheinlichkeit, dass es dauerhaft klappt, äußerst gering ist."

„Ich muss lachen. Ich gebe ja zu, dass der südeuropäische Typ mich sehr anspricht, aber eigentlich will ich nicht auswandern.

Und noch ein kleiner Nachtrag. Ob man sich als eine sehr weibliche Frau fühlt oder nicht, das hängt ja auch ganz wesentlich davon ab, wie der Mann ist, mit dem man zusammen ist."

„Wie sollte ein Mann denn sein, damit sich eine Frau sehr weiblich fühlt? Was muss er tun, um dir so ein Gefühl zu vermitteln? Nur ein Macho zu sein, wird ja wahrscheinlich auch nicht genügen."

„Das ist unheimlich schwer zu erklären. Mir das Gefühl geben, das schönste und begehrenswerteste Geschöpf auf dieser Welt zu sein. Zu spüren, dass er sich total nach mir sehnt und nach mir komplett verrückt ist."

„Hm, das sind leider genau die Dinge, die meine Frau auf den Tod nicht ausstehen konnte."

„Dann hat vielleicht etwas ganz Grundlegendes zwischen euch nicht gepasst. So wie zwischen mir und meinem Ex-Partner."

„Ja, ich denke, du hast Recht, Sabrina. Wir haben als Menschen relativ gut harmoniert, aber nie als Mann und Frau. War das bei dir und deinem Partner auch so?"

„Ganz genauso. Wir sind heute noch gute Freunde. Ich glaube, dass es in vielen Beziehungen so läuft. Wenn eine Beziehung nicht so voller Emotionen ist, vermittelt sie vielleicht mehr Stabilität und Sicherheit. Heute wünsche ich mir ganz etwas anderes."

„Ich habe heute noch einmal ganz liebevoll versucht, mit meiner Frau zu sprechen, um Klarheit zu gewinnen. Es ist aber nur ein äußerst unerfreulicher Streit dabei herausgekommen. Es interessiert sie nicht. Ich bin echt am Boden zerstört."

„Ich will mich nicht einmischen, aber vielleicht hat es keinen Sinn mehr und möglicherweise war es nie die Mann-Frau-Beziehung, die du dir gewünscht hast."

„Ja, das stimmt, aber es ist extrem verletzend, dass sie nicht einmal darüber nachdenken möchte."

„Ich verstehe dich gut. Versuche gerade mir vorzustellen, wie ich mich fühlen würde. Ehrlich gesagt, wenn ich mich trennen möchte, würde ich wahrscheinlich allergisch reagieren und bei einem derartigen Gespräch das Gefühl bekommen, da soll eine Beziehung repariert werden, die ich gar nicht mehr will."

„Kann sein, dass sie meine Bemühungen so interpretiert. Ich glaube, sie will einfach nicht wahrhaben, dass sie große Probleme mit einem vernünftigen Mann-Frau-Zusammenspiel hat."

„Lukas, ein Mensch kann nicht die persönlichen Probleme eines anderen lösen und andere auch nicht ändern. Verzeih, wenn ich so hart zu dir bin, aber das kann nur ein Therapeut und der unterstützt eigentlich auch nur. Lass sie los und kümmere dich um deine eigenen Themen."

„Du hast Recht, es bleibt mir nichts anderes übrig, als es hinzunehmen und einen großen Bogen um sie zu machen."

„Am besten wäre es, wenn du die Situation annehmen könntest und auch sie und ihre Trennungswünsche. Kein Widerstand, kein Vermeiden und kein Bogen. Warum denn auch? Ihr seid doch so lange ein Paar gewesen und habt gemeinsame Kinder."

„Schauen wir mal, kommt Zeit, kommt Rat. Was macht übrigens der Märchenprinz?"

„Du, der war kurz am Radarschirm und hat ausgesehen, wie ein Star. Dann ist er über Nacht um 20 Jahre gealtert, hatte plötzlich ein Toupet und wahrscheinlich ein falsches Gebiss."

„Sabrina! Ich lache mich kaputt mit dir! Was machst du bloß für Sachen? Ich wünsche dir eine gute Nacht!

„Danke! Ich dir auch, Lukas und alles Gute!"

Kapitel 39

Kopf schlägt Herz

„Liebe Unbekannte, gerne möchte ich deinen Namen erfahren. Hast du dein Profil für mich geschrieben? Ich habe es heute immer wieder gelesen und bin ein bisschen traurig, weil du so weit weg wohnst. Ich lebe in Hamburg. Was du mir vermittelst, könnte aus meinem Herzen kommen. Ich finde dein Profil großartig. Da kommt so viel Gefühl rüber. Ich freue mich auf deine Nachricht, deine Bilder, mehr von dir, Alex."

„Sympathische Zeilen", dachte Sabrina und öffnete sein Profil. Seine Wünsche und Träume waren fast ident mit ihren eigenen. Sabrina antwortete: „Danke für deine Nachricht und deine netten Worte! Bis jetzt wusste ich ja nicht mal, dass es dich gibt. Was du in deinem Profil schreibst, berührt mich auch sehr."

Nach einigen Nachrichten tauschten sie ihre Handynummern aus und führten ein ausführliches Telefonat.

Am Nachmittag verkündete das Handy mit einem sehr energischen „Ping", dass eine Nachricht eingelangt war. Sabrina las: „Liebe Sabrina, ich denke viel an dich, an mich und was werden kann. Ich weiß, ich bin schon wieder kopflastig. Melde mich später nochmal."

Kurz darauf erhielt sie am Handy ein Video, das Alex von sich selbst beim Radfahren gemacht hatte. Er übermittelte seine Gedanken zum Thema "Entscheidungen", die vom Kopf oder aus dem Bauch heraus getroffen wurden und wie er damit kämpfte, hier eine Balance zu finden.

Als krönenden Abschluss bot er ihr noch den Anblick seiner strammen Waden, die energisch in die Pedale traten. Sabrina musste herzhaft über diese Darbietung lachen.

Also, Ideen hatte Alex zweifellos und es gefiel ihr auch, dass er sich Gedanken zu den angesprochenen Themen machte. Sie mochte seine spontane, lustige Art. Und gleichzeitig hatte sie den Eindruck, dass er seine Gefühle kontrollierte und sich nicht richtig einlassen konnte.

Dennoch nahm Sabrina unverzüglich ihr Handy und schrieb ihm eine Nachricht: „Wow, danke! Ich bin ganz platt. Ein Mann, der spricht, Fahrrad fährt und ein Video dreht! Ich dachte, nur wir Frauen sind multifunktional?"

Die nächsten Tage und Wochen kommunizierten Sabrina und Alex immer intensiver miteinander. Sie telefonierten, schrieben Mails und schickten einander eine SMS nach der anderen. Sie erfuhren immer mehr Details darüber, wie sie beide gestrickt waren.

Das Leben von Alex befand sich im Umbruch und auch sein Haus war gerade eine Großbaustelle. Er wollte Platz schaffen, Mauern niederreißen und den Umbau so rasch wie möglich realisieren.

Eines Abends schrieb er an Sabrina: „Ich sitze im Moment auf der Terrasse und genieße das gerade sehr. Es ist so ein wunderschöner Abend. Morgen kommen die Handwerker und beginnen mit dem Umbau.

Was machst du gerade? Schläfst du schon oder chillst du auch noch?"

„Hallo Alex, ich lösche gerade Männer-Anfragen. Finde ich gut, dass du das Haus umbaust. Momentan nervt es mich, dauernd einen neuen Mann im Posteingang zu haben. Heute hat mich ein Tiroler angeschrieben. Magst du lachen?"

„Oh ja, ich lache sehr gerne. Und?"

„Sein Besonderes war: „Pflegeleicht!" Ich habe gleich zurückgeschrieben, dass mich das an einen Goldfisch erinnert, den man nur einmal am Tag zu füttern braucht und dass ich einen Partner mit Kanten und Ecken suche."

„Ich lache mich kaputt. Super! Pflegeleicht! Ich komme nicht raus aus dem Lachen, das ist ein Wahnsinn."

„Gestern hatte ich auch Spaß. Ein 40-Jähriger mit einem sehr ungewöhnlichen Namen und einem zugeben sehr netten Six-Pack hat mich angeschrieben.

Ich habe ihn gefragt, wo er herkommt. Als er mir die Antwort geschickt hat, hatte er plötzlich einen anderen Namen. Ich habe wegen dem neuen Namen nachgefragt und bekam die Antwort: „Dieser Name ist besser." Das musst du dir mal vorstellen!"

„Sabrina, ich kann nicht mehr!"

„Die Geschichte mit dem fliegenden Namenswechsel habe ich einer Freundin erzählt. Ihr prompter und trockener Kommentar war: „Deshalb habe ich mir Nelly genommen!" Das ist ihr Hund, den sie sich vor kurzem gekauft hat. Mittlerweile kann ich Frauen verstehen, die aufgrund von Männer-erlebnissen, auf den Hund kommen."

„Bei solchen Erlebnissen kann ich das auch verstehen.

Sag mal, das hört sich alles irgendwie krass an, was du erlebst. Solche Stories habe ich nicht zu bieten. Ich glaube, ich melde mich auf einer Singlebörse einmal als Frau an."

Sie unterhielten sich noch ein Weilchen und verabschiedeten sich schließlich.

Am nächsten Tag war Sabrina hektisch und etwas gereizt. Sie hatte ein Foto Shooting vor sich und den Eindruck, absolut nichts Passendes für diesen Zweck zu haben. Nach einer kurzen Durchsicht ihrer Schränke, besuchte sie eine Boutique und kaufte sich ein paar Sachen. Blitzartig war sie in bester Stimmung und die wollte sie mit Alex teilen: „Ich habe mir gerade schicke Jeans, einen tollen Blazer und eine Shirt-Bluse mit unzähligen Knöpfen gekauft. Das wird lustig, wenn die morgen beim Foto Shooting aufspringen.

„Oh, wieso hast du ein Foto Shooting?"

„Eine Frauenzeitschrift wird einen Artikel über erfolgreiche Frauen schreiben. Sie haben mich vor kurzem kontaktiert und morgen werden die Fotos gemacht. Ich hatte plötzlich das Gefühl, dass ich nicht die richtige Kleidung habe, obwohl ich gestehen muss, dass ich über acht volle Schränke verfüge."

„Acht volle Schränke, ich fasse es nicht!"

„Ich bin eine Frau, das ist nicht so ungewöhnlich."

„Dann sind wir beim Thema Schuhe angelangt. Darf ich fragen, wieviel Paar Schuhe du hast?"

„Das weiß ich nicht, wieviel Zeit habe ich zum Zählen?"

„Ich kann nicht mehr. Ich will mir gar nicht ausmalen, wie lange du dafür brauchst."

„Es sind 81. Ich hoffe, dieses furchtbare Outing ist jetzt kein Ausschlusskriterium?"

„Nein, bestimmt nicht, Sabrina.

Jetzt mal etwas anderes. Der Hausumbau ist so mühsam. Die Arbeiter haben zwar angefangen, aber das dauert alles so lange. Ich wünschte, der ganze Umbau wäre schon fertig."

„Ja, das glaube ich dir, du bist halt ein ungeduldiger Mann. Ich sage dir jetzt etwas. Wer ungeduldig ist, der will, dass es länger dauert."

„Jetzt kommst du mir noch mit solchen Sprüchen heute. Hast du wirklich das Gefühl, ich will so etwas gerade hören?"

„Nein Alex, aber ich bin ja keine Schallplatte, die dir das vorsingt, was du hören willst. Der Spruch stimmt, so unerfreulich das ist."

„Ups, ich wollte es doch einfach und pflegeleicht und vor allem keinen Widerspruch."

„Ich lache mich gerade kaputt. Da langweilst du dich ja zu Tode."

„Ja, da hast du wahrscheinlich Recht."

„Vielleicht solltest du die Plattform anschreiben und anfragen, ob du mich zurückgeben oder gegen eine einfache und pflegeleichte Dame umtauschen kannst."

„Muss mal die AGBs lesen, wobei ich dich nicht zurückgeben möchte. Davon war eigentlich nicht die Rede."

„Na, was sagen die AGBs? Hat man Anspruch auf einfache und pflegeleichte Damen?"

Zu ihrem Erstaunen erhielt Sabrina keine prompte Antwort. Erst nach ein paar Stunden kam schließlich ein Lebenszeichen von Alex: „Du, es ist momentan schwierig im Konzern, aber ich lasse mich nicht unterkriegen."

„Ich würde dich ja zum Trost drücken, aber ich weiß nicht, ob du dich von fremden Frauen drücken lässt?"

„So fremd bist du mir nicht!"

„Dann drücke ich dich in Gedanken."

„Ja, tu das."

„Schon passiert, du wirkst ziemlich atemlos und ein bisschen blau im Gesicht. Kriegst du keine Luft mehr?"

„Es scheint, dass du mich in jeder Situation zum Lachen bringen kannst. Danke Sabrina!"

„Gern! Wir haben viel Spaß miteinander und trotzdem habe ich auch ernste Gedanken zu dir, wenn ich alle Informationen bedenke, die du mir in Mails und Telefonaten übermittelt hast."

„Raus damit, was geht in dir vor?"

„Es wird dir wahrscheinlich nicht gefallen. Ich fürchte, es wird ein Stimmungskiller für dich sein. Und ich glaube nicht, dass du diese Art von Unterhaltung nach einem anstrengenden Tag im Büro gut gebrauchen kannst."

„Was denkst du?"

„Ich habe ein bisschen den Eindruck, dass du mit jedem Fuß woanders bist. Mit einem Fuß bist du noch in deiner Ehe und mit einem in der Beziehung, die gerade zu Ende gegangen ist. Dann ist da noch die Vertriebsmanagerin und schon triffst du die nächste Frau. Und jetzt bin ich auch noch da.

Wie viele Füße hast du? Kannst und willst du dich überhaupt auf einen Menschen einlassen? Mit Haut und Haaren? Bist du beziehungs- und liebesfähig?

Wir verstehen uns gut und trotzdem frage ich mich, ob wir vielleicht etwas Unterschiedliches suchen. Kann es sein, dass du einfach nur eine Frau suchst? Ich suche nicht "einen" Mann, sondern "meinen" Mann. Den, der mein Herz so berührt, dass kein anderer mehr Platz hat.

Ich habe den Eindruck, dass dein Verstand dein Herz regiert und es sollte genau umgekehrt sein. Wann immer es in unseren Telefonaten um Gefühle gegangen ist, bist du mir ausgewichen. Hat das Herz eigentlich irgendetwas zu sagen? Oder wird es ständig zensuriert?

Ich spüre, dass du noch nicht bei dir angekommen bist, dein Potenzial nicht lebst. Und trotz alldem glaube ich, dass da etwas verdammt gut passen könnte, wenn du wirklich bei dir wärst. Vielleicht kannst du den Verstand mal auf Urlaub schicken?"

Sabrina war selbst etwas erstaunt, wie emotional diese Nachricht geworden war. „Waren die Worte zu direkt und heftig gewesen?", überlegte sie. Es war ohnedies zu spät und eigentlich fand sie es immer gut, Dinge direkt anzusprechen.

Und dennoch hatte sie das Bedürfnis, noch einige Worte nachzusetzen. „Zu meiner "Wildkatzen-Mail" wollte ich noch etwas sagen. Es wäre mir lieber gewesen, du hättest erst die sanfte Schmusekatze oder eine andere schöne Seite an mir wirklich gut kennengelernt. Meine beste Freundin sagt oft zu mir: „Du bist der emotionale Typ, warte bis du antwortest."

Man hört nicht immer auf gute Freunde, ich habe nicht gewartet. Wie heißt es so schön? Da wo viel Licht ist, muss auch Schatten sein."

Die Antwort von Alex kam unverzüglich: „Ich weiß, dass wir beide dasselbe suchen: Den Partner, der das Herz berührt und einnimmt. Ich möchte nichts anderes. Mit Haut und Haaren? Alleine der Gedanke daran berührt mich und Platz ist da viel.

Regiert mein Verstand das Herz? Das ist ein heikler Punkt bei mir und darüber haben wir ja schon ein paarmal gesprochen.

Deine Stärke, Menschen schnell und tief zu begreifen, bekommt bei uns gerade die Oberhand. Das ist nicht gut, es ist nicht schlecht. Es ist so. Doch es bremst mich. Ich möchte so angenommen werden, wie ich bin, dann komme ich zur Ruhe.

Sabrina, ich muss nachdenken, ich melde mich, sobald ich für mich Klarheit gewonnen habe. Ich bin durcheinander, komplett durcheinander."

Zwei Tage später schickte Alex eine Nachricht an Sabrina, die ihr die Tränen in die Augen trieb.

„Danke für dich Sabrina – für Licht und Schatten. Du warst ein echtes Geschenk für mich. Ich habe durch dich so viele Dinge über mich selbst verstanden.

Du bist für mich eine ganz besondere Frau und ein totaler Gefühlsmensch, spontan und leidenschaftlich. Das ist wunderbar, doch ich kann bei dieser Offenheit, was die Gefühle betrifft, nicht mithalten. Es ist traurig, doch es ist so. Irgendwie stimmt das wohl, dass der Verstand bei mir den Ton angibt.

Ich fühle mich momentan wie ein Schiff, das kurz vor dem Kentern ist. Ich glaube, ich suche nach mehr Ruhe in einer Beziehung. Du wühlst mich auf, weckst so viele Emotionen in mir und damit kann ich auf Dauer nicht umgehen. Ich habe das Gefühl, dass ich komplett den Boden unter den Füßen verloren habe.

Verzeih mir bitte, dass ich mich so von dir verabschiede, aber ich kann nicht anders. Ich wünsche dir alles Liebe und ein wunderschönes Leben!"

Trotz der vielen Zeilen, die sie einander geschrieben hatten, war Sabrina nicht wirklich überrascht. Sie hatte immer das Gefühl gehabt, dass das Herz bei Alex keine laute Stimme hatte und der Verstand als Sieger hervorgehen würde. Doch niemand konnte aus seiner Haut heraus. Auch Alex nicht. Sie wusste, dass diese Nachricht für ihn schon ein großer Schritt gewesen war.

Kapitel 40

Autofahrer unterwegs

Sabrina schaute auf ihren PKW und dachte: „Wenn Brigitte mein Auto jetzt sehen könnte, würde sie ihre “Mrs. Perfect-Aussage“ ganz gewiss revidieren.“

Vom Frühjahr bis zum Herbst wurde ihr Fahrzeug nämlich auch als Blumentransporter eingesetzt. Sabrina liebte Blumen, viele Blumen. Und sie liebte die Vielfalt der Arten und Farben. Was lag näher, als diese Freuden intensiv und oft in das eigene Leben zu bringen?

Oft schob sie nach einem Besuch im Blumenmarkt einen prall gefüllten Einkaufswagen zu ihrem Auto und fragte sich mit gekrauster Stirn und hochgezogenen Augenbrauen, ob das Fassungsvermögen wohl reichen würde. Es reichte immer, denn wo ein Wille war, da gab es auch einen entsprechenden Weg. Sie war immer wieder selbst überrascht, wie viele Pflanzen sie in ihrem Auto unterbringen konnte.

Und außerdem wurde das Auto auch verwendet, um Säcke mit Erde und Rindenmulch zu transportieren. Bei all diesen Gelegenheiten sah ihr Auto alles andere als perfekt gepflegt aus. Abgebrochene Pflanzenstiele, einige Blüten und etwas Erde “zierten“ das Auto und führten es sozusagen aus der Vollkommenheit heraus.

Das Autofahren war für Sabrina nie ein großes Thema gewesen, sie war eine sehr sichere und umsichtige Fahrerin, die noch nie einen Unfall verursacht hatte. Auch das Parken bereitete ihr nicht die geringsten Probleme.

Ihr Orientierungsvermögen war jedoch mehr als bescheiden und dies wurde in den verschiedensten Situationen offenkundig. Es kam immer wieder vor, dass sie vom Kaufhaus in die verhasste Tiefgarage zurückging und mit Entsetzen auf den leeren Parkplatz starrte, auf dem sie ihr Auto vermutet hatte.

„Mein Auto ist weg, irgendjemand hat mein Auto gestohlen“, dachte Sabrina in derartigen Situationen immer.

Ihre Gedanken schossen jedes Mal als erstes in Richtung Polizei und Anzeige. Doch nach der ersten Schrecksekunde beschloss sie stets, das Auto dann doch an anderer Stelle zu suchen und zu ihrem Erstaunen an einem ganz anderen Platz zu finden, als sie vermutet hatte.

Auch wenn Sabrina unterwegs war und ein bestimmtes Ziel erreichen wollte, fühlte sie sich verloren. Hier konnte das Navi einiges kompensieren, was das fehlende Orientierungsvermögen betraf. Doch es führte ein interessantes Eigenleben und machte sich manchmal ein diebisches Vergnügen daraus, Sabrina zu narren. In diesen Situationen jagte es sie in einem schier endlosen „Fahren sie links“ und „Fahren Sie rechts“-Monolog im Kreis herum.

Außerdem schien es, dass dieses Navi Anleihen bei der Legasthenie gemacht hatte, denn die Ziele wurden seitenverkehrt anvisiert und manchmal, wenn sie sich beim richtigen Bestimmungsort bereits einparkte, forderte das Navi sie energisch auf, sofort umzudrehen.

Mit der Polizei hatte Sabrina erfreulicherweise wenige Berührungspunkte. Nur eine Fahrzeugkontrolle wäre einmal fast ein Problem geworden, weil ihr Ex-Partner das Auto so akribisch aufgeräumt hatte, dass Sabrina weder das Pannendreieck noch den Erste-Hilfe-Kasten fand.

Offenbar war die perfekte Ordnung manchmal nicht perfekt.

Kapitel 41

Widersprüchlichkeiten

Müde schleppte sich Sabrina nach einem anstrengenden Tag in ihr Haus. Sie kickte ihre Schuhe von den Füßen und stellte fest, dass sie sogar zu müde war, um sich noch ein Abendessen zuzubereiten. Stattdessen genoss sie ein duftendes Schaumbad mit Honigextrakten.

Nur für Lukas konnte sie noch ein wenig Energie aufbringen. Er hatte ihr bereits wieder geschrieben.

„Hallo Sabrina, alles in Ordnung bei dir? Mir geht es eher bescheiden. Ich hatte wieder einmal eine Riesendiskussion mit meiner Frau. Ich komme einfach nicht darüber hinweg, dass sie sich weigert, ihre eigenen Gefühle wirklich zuzulassen. Und ich fasse es immer noch nicht, dass sie sich nicht damit auseinandersetzen möchte, was in unserer Beziehung falsch gelaufen ist. Die bittere Wahrheit würde ich besser vertragen, als wenn sie sich selbst und mir dauernd etwas vormacht. Aber wahrscheinlich muss ich auch das schlucken."

Sabrina bedauerte Lukas und antwortete unverzüglich: „Hallo Lukas, du klingst wirklich geknickt, das tut mir leid. Zu deiner Frau, das Thema hatten wir schon öfter. Man kann andere Menschen nicht zwingen, in sich hinein zu spüren, damit sie das fühlen, was wir wollen. So geht das glaube ich nicht. Spüre lieber in dich selbst hinein und lasse sie los. Aber auch wenn dies wahrscheinlich das Beste wäre, weiß ich natürlich, dass das extrem schwer ist."

„Ja, das ist es, Sabrina. Zurzeit komme ich mir vor, wie wenn ich ein bisschen auf Tauchstation wäre. Und leider schaffe ich es derzeit nicht einmal mehr, die Kontakte, die mir wichtig sind, so zu pflegen, wie ich das möchte. Irgendwie bin ich momentan ein bisschen im Zwiespalt, wie ich mit der Singlebörse weitermachen soll. Auf der einen Seite gibt es wirklich gute und bereichernde Gespräche, wie zum Beispiel mit dir, die sehr gut tun und weiterhelfen. Auf der anderen Seite habe ich festgestellt, dass ich für ernsthafte Dates oder eine echte Beziehung oder auch nur Freundschaft aktuell noch nicht reif bin. Und so habe ich jetzt alles ein bisschen schleifen lassen und versuche meine Energie für die anderen Probleme zu nutzen."

„Ich freue mich immer, wenn du dich meldest. Ich kenne solche Stimmungen. Ich selbst werde in ein paar Wochen mein Profil hier löschen."

„Wenn du möchtest, können wir trotzdem gerne in Kontakt bleiben, tauschen wir doch einfach unsere Handynummern aus."

„Ja, gute Idee, lass uns das machen.

Magst du lachen? Ich habe gerade wieder einen Münchner kennengelernt. Er lebt aber nicht in Deutschland, sondern schon seit vielen Jahren in Wien. Vorbeugend habe ich ihm bereits vor unserem ersten Treffen mitgeteilt, dass er nicht mein Typ ist. Ich denke, da hat das kleine Biest zugeschlagen. Ich habe ihm aber gesagt, dass ich gern mit ihm einen Kaffee trinken gehe, also ein sogenanntes "No-Date". Es war nett.

Komischerweise ist er der erste Mann, den ich wiedersehen will. Er ist sehr interessant und intelligent, hat ein entsprechendes Niveau, sehr ähnliche Interessen und man kann sehr gut mit ihm reden. Er hat eine sehr ausgeprägte soziale Ader und bemüht sich um einen Verein für behinderte Kinder. Das hat mich sehr berührt."

„Du kennst ja sicher den Spruch: „Wozu in die Ferne schweifen, wenn das Gute ist so nah. Und niedrige Erwartungen sind oft die beste Basis für positive Überraschungen. Jedenfalls drücke ich dir die Daumen, dass mehr daraus wird."

„Das glaube ich eher nicht, es war kein Funke da."

„Es wird schon irgendwann noch der Richtige auftauchen, der dich dann fasziniert und anzieht.

Ich habe kürzlich Jennifer getroffen, die ein Verkaufsteam in der Autobranche leitet. Sie hat sehr widersprüchliche Gefühle in mir ausgelöst. Diese Lady hat immer sehr gefühlvoll geschrieben und betont, dass sie sehr verletzlich sei, doch in Wirklichkeit wirkt sie ganz anders. Sie ist groß, hat eine blonde Mähne und ist etwas älter als ich. Jennifer tritt sehr dominant auf und hat kein gutes Wort für Männer übrig. Kurz gesagt, eigentlich ist sie genau der Typ Frau, den ich fürchte und der mich überhaupt nicht interessiert. Jetzt kommt aber das Erstaunliche. Wir haben uns beim ersten Treffen wirklich gut verstanden. Sie war sehr nett zu mir und ich habe entdeckt, dass sie tief drinnen tatsächlich sehr weiche, gute Seiten hat und trotz ihrer imposanten Erscheinung offenbar Angst vor Männern hat.

Wie wird sich das Ganze wohl entwickeln? Wird es ihr gelingen, die Wärme, die sie bei mir ausstrahlt, auch auf ihr übriges Leben zu übertragen? Oder wird sich der ganze Hass auf die Männer, irgendwann auch gegen mich richten?

Jedenfalls ist es völlig neu für mich, dass ich einen Teil an einer Frau wirklich sehr gerne mag und schätze und den anderen Teil ablehne und sogar fürchte. Ich weiß nicht, ob es euch Frauen mit uns Männern manchmal auch so geht. Ich frage mich, ob es in Liebe und Wohlwollen enden wird oder in Hass und Enttäuschung. Nachdem ich die Wut enttäuschter Frauen nur sehr schwer ertragen kann, hoffe ich natürlich auf das Erstere."

„Da wünsche ich dir, dass es gut weitergeht. Bei mir ist gerade eine Geschichte nicht gut ausgegangen. Hatte einen tollen Deutschen kennengelernt. Der hatte ein gutes Herz. Nur leider dominierte der Verstand und sagte dem Herz, wo es lang geht im Leben. Und so gab es kein Happy End."

„Schade, das klingt traurig."

„War traurig, er war wirklich ein netter Typ.

Bis bald, Lukas!"

„Bis bald, Sabrina. Dir auch alles Gute!"

Kapitel 42

Eine Nummer zu hoch

Mit einem lauten “Ping“ war gerade eine neue Nachricht in Sabrinas Posteingang gelandet, die unglaublich sympathisch klang.

Ein Michael schrieb: „Hallo liebe Event Managerin, ich habe dein Profil gelesen und bin begeistert. Würde dich gerne näher kennenlernen und einmal mit dir gemeinsam kochen. Am besten mit Hintergrund Musik von Santana. Vielleicht willst du am Sonntag mit mir spazieren gehen oder in ein Kaffeehaus?“

Und dann gab es noch Bildfreigabe und eine Telefonnummer. Eine perfekte Kontaktaufnahme. Sabrina sah sich die Fotos an. Er entsprach nicht dem mediterranem Macho Typ, den sie immer noch anziehend fand, aber er hatte etwas, was ihr auf Anhieb gefiel. Er wirkte sympathisch, herzlich, junggeblieben, hatte eine offene Art und erweckte bei Sabrina den Eindruck, dass man Pferde mit ihm stehlen könnte.

Sabrina hatte für das kommende Wochenende schon andere Pläne, aber sie schrieb rasch zurück, gab ihre Bilder für Michael frei und schlug ein Treffen in der folgenden Woche vor.

Vor dem Date telefonierten sie noch miteinander. Das Telefonat passte zu ihren vorherigen positiven Eindrücken. Sie vereinbarten für die folgende Woche ein Treffen in einem Lokal im 13. Bezirk in Wien.

Sabrina war einige Minuten zu früh im Lokal und kurz darauf traf Michael pünktlich ein und gesellte sich an ihren Tisch. Sie unterhielten sich blendend. Sie verfügten beide über langjährige Konzernerfahrung und alberten über die mühsamen Prozesse, Schwierigkeiten und Kommunikationsprobleme, die sie beide in ihren Firmen kennengelernt hatten.

Michael hatte sich vor zwei Jahren selbstständig gemacht und arbeitete nun als Software-Distributor für seine ehemalige Firma.

Dem ersten Caipirinha folgte ein zweiter und dann ein dritter. Als es 23:00 Uhr war, schoss Sabrina der Gedanke durch den Kopf, dass am nächsten Tag ein Seminar am Programm stand. Sie brauchte ausreichend Schlaf, um sich fit zu fühlen.

Sie verabschiedeten sich herzlich und Sabrina dachte: „So ein sympathischer Mann." Als sie zuhause ankam, gab sie ihrem Impuls nach und schickte ihm eine SMS: „Danke für den schönen Abend und das tolle Gespräch. Würde dich gerne kennenlernen. Wenn du das ähnlich siehst, dann würde ich mir wünschen, dass du die Initiative ergreifst und mir dein Interesse zeigst, wenn eines da ist und wenn nicht, dann wünsche ich dir alles Liebe."

Michael schrieb postwendend zurück: „Ich fand auch, dass es ein erstaunlicher Abend war und du bist eine sehr gute Gesprächspartnerin. Es ist interessant, was du beruflich machst und ich achte dich sehr. Ich glaube aber, als Partnerin bist du mir eine Nummer zu hoch. Du bist schon viel weiter als ich und ich fürchte, da kann ich nicht mithalten. Ich bin viel einfacher gestrickt als du. Ich wünsche dir, dass du deinen Traumpartner findest und wenn du es möchtest, können wir uns gerne wiedersehen und reden."

Sabrina fragte sich, wozu ein Treffen gut sein sollte, wenn für ihn soundso schon klar war, dass er kein Interesse an einem Kennenlernen hatte. Es war wieder so ein Moment, in dem sie sich fragte, wie Männer ticken.

In ihrem Kopf war gerade nur ein Wort: „Schade!"

Sie suchte einen Partner und nicht nur einen Gesprächspartner. Sabrina wünschte sich einen Mann, der von ihr komplett hingerissen war und sie wirklich kennenlernen wollte. Wenn Michael geschrieben hätte: „Sorry, aber du bist nicht mein Typ", hätte sie dies sehr gut annehmen können. Auch Aussagen, wie: „Du bist mir zu spontan, zu direkt, zu heftig, zu wenig diplomatisch“, wären für sie verständlich gewesen.

Sabrina war ein sehr selbstreflektierter Mensch. Sie kannte ihre Schwächen genauso gut, wie ihre Stärken. Aber eines war sie ganz gewiss nicht, nämlich kompliziert. Sie fragte sich, inwiefern er zu der Annahme kam, “einfacher gestrickt“ zu sein.

Und auch der Satz: „Wenn du es möchtest, können wir uns wiedersehen“, gab ihr zu denken. Sie überlegte: „Was er wohl selbst wollte? Als ob es nur um das ging, was sie wollte. Echtes Interesse sah anders aus.“

Sabrina war traurig und enttäuscht, doch es war für sie offensichtlich, dass Michael sich nicht einlassen konnte oder wollte. Möglich, dass ihre enthusiastische SMS ihn verschreckt hatte, aber so war sie nun mal eben, ehrlich, offen, spontan und direkt. Wenn er dies nicht aushielt, würde es soundso nicht passen. Ja, vielleicht wäre es besser gewesen, gar nicht zu schreiben, damit sein Jagdinstinkt geweckt worden wäre.

Sabrina war aber bewusst, dass eine Partnerschaft nur dann eine Chance hatte, wenn sie selbst authentisch sein konnte. Sie schrieb ihm: „Ich empfinde das gar nicht so, dass du nicht mithalten kannst. Melde dich einfach, wenn du mich sehen magst.“

Und mit der Stille, die dann folgte, war alles gesagt.

Kapitel 43

Ein Genie beherrscht das Chaos

Sabrina lächelte fast zufrieden in sich hinein. Zumindest in einem Punkt war sie keineswegs Perfektionistin, sondern genau das Gegenteil. Ihr Home-Office bewies das ganz deutlich. Klar, es hätte es ihr Herz schon erfreut, wenn auch dort die perfekte Ordnung geherrscht hätte, aber der Tag hatte nun mal nur 24 Stunden und irgendwo musste sie Abstriche machen.

Das Büro war ein sehr helles Zimmer mit zirka zwanzig Quadratmetern. Trotz der funktionellen, hellgrauen Büromöbel strahlte es Gemütlichkeit aus. Mit einem honigfarbenen Parkettboden, apfelgrünen Raffrollos, mehreren offenen Bücherregalen aus Buchenholz, bunten Bildern und vielen Grünpflanzen hatte sie auch hier für Wohlfühlatmosphäre gesorgt.

Und dennoch sprangen einem als erstes mehrere Stapel ins Auge, die schön geschlichtet nebeneinander auf den Tischplatten lagen. Da gab es Stapel mit Zeitschriften, Stapel mit Zeitungen, Stapel mit Notizen und Stapel mit Werbung und Postwurfsendungen. Sabrina war sich bewusst, dass sie diese Flut an Informationen nie und nimmer in ihrem Leben würde lesen können. Sie schaffte es jedoch trotzdem nicht, alles einfach in Pausch und Bogen wegzuwerfen. Auch wenn es zweifellos das Klügste gewesen wäre.

Sabrina hatte immer das Gefühl, es könnte eine für sie interessante Information verloren gehen, wenn sie diese Unmengen von Papier einfach entsorgen würde. Es war fast ein bisschen wie ein Zwang, zumindest rasch mit den Blicken darüber zu gehen, bevor sie sich davon trennen konnte. Wenn sie Zeit dafür fand, dann blätterte sie alles blitzschnell durch.

Manchmal riss sie auch eine für sie interessante Seite heraus oder machte sich die eine oder andere Notiz. Anschließend landeten die Zeitungen und Zeitschriften dann endlich im Altpapier Container.

Am Tag danach begannen sich bereits wieder die ersten Stapel zu formieren. Es war wie eine unendliche Geschichte. Auch bei den laufenden Themen und Projekten wurde gestapelt. Erst die erledigten Dinge wurden in Ordnern abgelegt und in den Schränken verstaut.

Wenn sie etwas suchte, musterte sie den entsprechenden Stapel, zupfte dann kurz an einer bestimmten Stelle und zog die gewünschte Information heraus. Es wirkte geradeso, als hätte sie für diese Art der Ablage ein spezielles Ordnungssystem in ihrem Gehirn entwickelt.

Kapitel 44

Weise Erkenntnisse

Sabrina machte es sich gemütlich. Es war "Lukas-Zeit" und sie freute sich schon darauf. Sie holte sich ein Glas Rotwein und eine kuschelige Decke und ließ sich auf einem bequemen Sofa im Wohnzimmer nieder. Und da war sie schon, die erste Nachricht von ihrem sympathischen, virtuellen Begleiter in Sachen Partnerschaft.

„Hallo Sabrina, geht es dir gut? Was ist eigentlich deine Meinung zum Online-Dating? Ich meine rückblickend, jetzt hast du ja schon jede Menge Erfahrungen gesammelt."

„Nun, wie soll ich es dir sagen, ohne dich zu schockieren. Ich habe bei der Partnersuche genauso agiert, wie bei allen anderen Dingen, die ich anpacke. Nachdem ich mich dazu entschlossen hatte, bin ich mit vollem Engagement auf fünf Plattformen gleichzeitig gegangen, damit ein bisschen Action da ist.

Zwischenzeitlich habe ich zirka 20 bis 25 Männer getroffen, aber bis jetzt war keiner dabei, mit dem ich mir eine Beziehung vorstellen hätte können. Ich muss zugeben, dass schon noch ein bisschen etwas vom Anforderungskatalog übrig geblieben ist."

„Fünf Partnerbörsen gleichzeitig! Das ist ja ein Wahnsinn, du bist wirklich eine Stress-resistente Frau! Und wie geht es dir gerade jetzt?"

„Momentan nicht so gut. Es gibt einen Münchner, an dem ich einiges mag. Manches passt und anderes nicht. Er hat mich mit einigen Dingen verletzt. Ich hatte meinen Zorn einige Zeit hinuntergeschluckt und gestern ist der Vulkan explodiert. Jetzt komme ich mir vor, wie die Rächerin, die mit einer noch rauchenden Schrotflinte dasteht und rundherum sieht man ein Leichenfeld. Das meine ich natürlich im übertragenen Sinn.

Weißt du, womit ich echt kämpfe? Den anderen so sein zu lassen, wie er ist und auf der anderen Seite bei mir und meinen Gefühlen und Wünschen zu bleiben.

Ich gebe dir ein Beispiel. Etliche Männer, die mich bedauerlicherweise nicht interessieren, haben mir zauberhafte Nachrichten geschickt, nachdem sie mein Profil und die Fotos gesehen haben. Und sie haben mir ihre Telefonnummer gegeben und geschrieben, dass sie sich freuen würden, von mir zu hören.

Nicht so Roman. Mein Profil braucht er nicht zu lesen, man lernt sich einfach so beim Chatten kennen. Seine Nummer wollte er mir nicht geben. Und vor kurzem hat er mich mit unterdrückter Nummer angerufen. Es fühlte sich einfach nicht gut für mich an. Habe ich eine unrealistische Vorstellung, wie ein normales Kennenlernen aussieht? Presse ich ihn deshalb in mein Weltbild und lasse ihn nicht sein, wie er ist?“

„Nun, wenn das Problem darin besteht, dass er mit unterdrückter Telefonnummer anruft, könnte der Stress tatsächlich an deinen sehr konkreten Erwartungen liegen.“

„Das ist ja nicht die einzige Sache, die für mich nicht passt, aber es drückt ja nicht gerade Offenheit und Vertrauen aus. Oder? Ich finde das letztklassig. Wenn du drei Wochen mit einer Frau mailst und ehrliches Interesse hast, rufst du sie dann mit unterdrückter Nummer an?“

„Ich finde, das könnte schon so sein und ich wäre stinksauer, wenn eine Frau daraus ein Drama machen würde.“

„Super, vielleicht doch besser Single bleiben. Diesem Münchner, den ich zuerst erwähnte, bin ich kürzlich mit einer Mail in den Posteingang hineingesprungen. So brutal, wie eine Wildkatze mit ausgefahrenen Krallen. Es scheint, dass ich ihn ziemlich mag. In deiner zauberhaften Geschichte mit der Prinzessin, dem kleinen Biest und der Schmusekatze fehlt übrigens eine Rollenbesetzung, die Widerstandskämpferin.“

„Wieso eine Widerstandskämpferin? Gegen wen oder was leistet sie denn Widerstand?“

„Gegen Nähe bei jemandem, mit dem es vielleicht passen könnte. Das macht ja sehr verletzbar. Ich habe das aber ohnedies gerade aufgegeben."

„Warum hast du es aufgegeben? Ich habe jetzt fast das Gefühl, du hast zu hohe Erwartungen an das Online-Dating. Kann das sein?"

„Du hast mich missverstanden. Ich habe den Widerstand aufgegeben. Ich versuche, die Männer so zu nehmen, wie sie sind und höre auf, etwas zu planen. Das fühlt sich eigentlich ganz gut an. Wobei ich zugeben muss, dass es mir nicht immer gelingt. Und ja, hohe Erwartungen und Hoffnungen habe ich wahrscheinlich immer noch."

„Ach so, den Widerstand gegen die Männer hast du aufgegeben. Gratuliere, gute Entscheidung!"

„Irgendwie werde ich immer entspannter, was die Partnersuche betrifft und ich merke auch, wie die Dinge sich verändern. Die ersten Monate gab es nur endlose Chats und ich habe kaum Männer getroffen. Jetzt treffe ich meistens zwei in der Woche.

Ich glaube, ich war am Anfang noch gar nicht bereit für eine Beziehung. Es kommt manchmal vor, dass ein Mann sich verabschiedet, wenn ich nach zwei oder drei Mails die Themen "Telefonieren" oder "Treffen" anschneide, doch das ist okay. Ich sage mir heute, dass diese Männer soundso nicht zu mir gepasst hätten. Ich bin spontan und direkt. Wer damit nichts anfangen kann, ist ohnedies nicht der Richtige.

Wie sieht es denn bei dir aus? Was gibt es Neues?"

„Nicht sehr viel. Bei mir ist es glaube ich die reine Gewohnheit, die mich immer wieder auf die Plattform treibt. Ich schreibe eigentlich gar keine Frauen mehr an. Ich schaue mir stattdessen die Profile an und überlege, ob nicht doch noch eine Frau dabei ist, die mir gefallen könnte. Und bei den wenigen, bei denen das der Fall ist, finden das alle anderen Männer offensichtlich auch.

Und was die Liebe anbelangt, so ist gerade die Affäre mit der blonden Kämpferin zu Ende gegangen. Es war schön, aber auch sehr anstrengend. Eine Beziehung könnte ich auf einer solchen Basis gar nicht führen. Nach jedem Date habe ich erst einmal ein paar Tage emotionale Erholungspause gebraucht."

„Du klingst nicht wirklich betrübt über diese Trennung."

„Ich bin auch nicht unglücklich, dass diese Affäre vorbei ist. Für etwas Verbindliches habe ich zurzeit einfach zu viele Probleme. Und die unverbindlichen Sachen machen früher oder später Ärger."

„Du hattest wenigstens eine nette Zeit. Mir hat ein Mann gerade vermittelt, dass er "einfacher gestrickt" ist, als ich. Er war sympathisch und intelligent. Ich hätte ihn gerne kennengelernt, um zu schauen, ob sich etwas entwickeln kann."

„Sabrina, dein "Männer-Verschleißtempo" ist gewaltig."

„Nun, was soll ich machen, wenn ich auf lauter "Marsmänner" treffe. Und du gehst es jetzt sozusagen ruhiger an?"

„Könnte man so sagen. Mein Leben ist so ein Chaos, das muss ich endlich auf die Reihe bekommen. Muss mich jetzt verabschieden, ich muss morgen früh raus.

Gute Nacht, Sabrina!"

„Gute Nacht, Lukas!"

Kapitel 45

Nachbarschaftshilfe

Manchmal war es wirklich amüsant, was bei der Partnersuche letztendlich herauskam. Vor kurzem hatte Sabrina wieder einen Münchner kennengelernt. Oliver hatte vor kurzem in seiner Firma gekündigt und war gerade dabei, ein Kleinunternehmen zu gründen. Er plante IT-Dienstleistungen für Privatpersonen anzubieten.

Nach kurzer Zeit stand zwar für beide fest, dass sie andere Vorstellungen hinsichtlich einer Partnerschaft hatten, doch sie verstanden sich freundschaftlich gut und blieben in Kontakt.

Eines Tages erzählte Oliver von seinen laufenden beruflichen Aktivitäten. Er war gerade im Begriff diverse Werbematerialien zu erstellen. Vom Flyer über Informationsmaterial bis hin zu den Visitenkarten. Er fühlte sich jedoch komplett überfordert, was den Inhalt und die Kernbotschaften betraf. Und er war ideenlos, was die Gestaltung anbelangte. „Mir ist ja schon die Frage peinlich, weil das ja irgendwie komplett verrückt ist, aber kannst du mir vielleicht helfen?“, fragte er Sabrina, da er über ihren beruflichen Background Bescheid wusste.

Für Sabrina waren dies Routinetätigkeiten. Sie wusste, worauf es dabei ankam. „Lieber Oliver, na klar, schicke mir alles zu und ich mache dir ein paar Vorschläge.“

Sie half ihm mit den Texten, dem Layout, stellte viele Fragen und übermittelte ihm verschiedene Entwürfe. Zwei Wochen später verfügte Oliver über die perfekten Werbematerialien, um mit seinem Business erfolgreich zu starten.

Und Sabrina lächelte vergnügt, als sie den riesigen Blumenstrauß in eine Vase steckte, den er ihr als Dankeschön geschickt hatte.

Kapitel 46

Reisen mit Humor im Gepäck

War Sabrina ein Fan von perfekt organisierten Reisen? Ja, im Prinzip war das schon so. Sie hatte obligatorische Packlisten, auf denen alles vermerkt war, was im Urlaub benötigt wurde, vom Socken bis zur Nagelschere. Und sie liebte es, wenn Flugzeuge pünktlich abflogen und landeten, die Transfers klappten, das gebuchte Zimmer verfügbar war und dieses zumindest eine gewisse Ähnlichkeit mit dem Foto im Internet aufwies.

Sie hatte unglaublich lustige und überraschende Momente auf Reisen erlebt, speziell bei den Asienreisen mit ihrem Ex-Partner Christian. Einiges war ganz und gar nicht perfekt gewesen und anderes so perfekt, dass sie es kaum fassen konnten. Spaß hatten alle Situationen bereitet, weil sie einfach fantastisch gewesen waren. Außerdem konnte man mit Humor jede Situation meistern. Sabrina machte in Gedanken einen Rückblick auf einige dieser Reisen.

Ein besonderes Highlight war die Sache mit dem Hausboot während einer Thailand-Rundreise. Sie besichtigten tagsüber die "Schwimmenden Märkte" und hatten Souvenirs eingekauft. Abends fuhren sie zu einer Park-ähnlichen Anlage mit einigen Bungalows und Hausbooten.

Als Sabrina realisierte, dass die Nächtigung auf dem Mekong geplant war, beharrte sie darauf, den Zustand des Hausboots noch bei Tageslicht zu prüfen. Sie war geschockt. Der Boden bestand aus Holzlatten, durch die sie ihre Hand bequem in den Fluss hätte stecken können. Sie war sich sicher, dass dies für Schlangen eine komfortable Möglichkeit darstellte, um in das Boot hineinzukriechen und drinnen eine gemütliche Nacht zu verbringen, womöglich noch im Bett.

Um die ganze Situation noch schlimmer zu machen, lauerten hinter dem Waschbecken auch gleich mehrere Geckos. Sabrina hatte nicht die geringste Lust, den Geckos schon in aller Früh in die Augen zu sehen und bestand energisch darauf, stattdessen in einem der Bungalows zu nächtigen.

Sabrina lag kaum im Bett, da hörte sie seltsame Geräusche. Geckos, die auch im Bungalow lebten, eilten bereits hurtig in das Badezimmer. Es schien, dass sie es auf keinen Fall verpassen wollten, Sabrina beim Zähneputzen Gesellschaft zu leisten.

Ein anderes Mal kämpften Sabrina und Christian in einem Hotel mit der Spülung der Toilette. Diese flutete förmlich das Zimmer, also zumindest den Teppichboden. Es dauerte eine halbe Ewigkeit, bis das Personal diesem Problem ein Ende bereitete und sie in einem anderen Zimmer unterbrachte.

Die Überraschungen gingen jedoch genauso in die positive Richtung. Bei einer Reise nach Kambodscha entschlossen sie sich zu einem Rundflug mit einem Hubschrauber. Einige Personen hatten davor gewarnt, dass die Bodenplatte des Hubschraubers voraussichtlich so verrostet wäre, dass man zum Fotografieren nicht einmal die Fenster verwenden müsste. Sie waren sprachlos, als sie den nagelneuen Eurocopter sahen. Noch dazu kam der Pilot aus Tirol. Da kannte ihre Begeisterung keine Grenzen mehr.

Und dann war da noch die Sache mit dem Brief. Sie hatten im Hotelzimmer eines Tophotels in Bangkok einige Kleidungsstücke zum Trocknen aufgehängt und außen das "Bitte nicht stören-Schild" an die Tür gehängt. Anschließend besuchten sie einen der Nachtmärkte, um etwas zu essen. Bei der Rückkehr fanden sie im Zimmer ein Schreiben der Hoteldirektion vor, das am Boden lag. Es enthielt eine wortreiche und äußerst höfliche Entschuldigung, dass das Bett nicht für die Nachtruhe aufgedeckt worden war, weil man den Wunsch nach Privatsphäre respektiert hatte.

Auch solche Dinge passierten mitunter – einfach perfekt!

Kapitel 47

Der Neue

Als Sabrina ihre Nachrichten checkte, entdeckte sie sofort eine ausführliche Mail von Lukas.

„Hallo Sabrina, ich muss dir schreiben. Bin gerade total fertig. Ich habe das Gefühl, ich stelle mich bei der ganzen Trennungsgeschichte wirklich saudumm an und weiß noch gar nicht, wie ich aus dem ganzen Chaos rauskommen soll. Ich kippe nämlich gerade völlig aus den Schuhen. Gestern hat mir meine Frau "ihren" Thomas vorgestellt, ihren Neuen. Er kommt aus Berlin, ist sechzig Jahre alt und schon im Ruhestand. Er hat zwei Kinder aus seiner letzten Ehe und hat früher als Finanzberater gearbeitet.

Sie haben sich vor einer Woche auf einer Party kennengelernt. Er ist der Mann, mit dem alles passt und mit dem sie zusammen leben möchte. Das weiß meine Frau nach einer Woche! Das musst du dir mal auf der Zunge zergehen lassen.

Und der Witz daran ist, ich finde, er ist mir sehr ähnlich. Er ist nur viel erfolgreicher, als ich. Ich denke fast, ich wäre heute ähnlich weit, wie er, wenn ich eine Frau gehabt hätte, mit der alles gepasst hätte. Wenn sie mich nur verstanden, geliebt und akzeptiert hätte, so wie ich bin.

Wir haben uns ja schon vor längerer Zeit getrennt, aber jetzt ist der absolute Tiefpunkt in meinem Leben erreicht. Ich habe gestern gespürt, wie unglaublich weh es tut und wie viel Lebenskraft mich all die Jahre gekostet haben.

Hoffentlich bist du mir nicht böse, weil ich dich mit meinen Hiobsbotschaften belaste. Freue mich, von dir zu hören und wünsche dir, dass dich freudige Ereignisse bewegen."

Sabrina fühlte Bedauern und gleichzeitig war ihr klar, dass derartige Schuldzuweisungen rein gar nichts brachten. Sie waren nur hinderlich dabei, die Verantwortung für das eigene Leben wahrzunehmen.

„Lieber Lukas, deine Neuigkeiten haben es in sich. Ich kann nachvollziehen, wie es dir geht. Ich verstehe dich und fühle mit dir, aber man sollte nie andere Menschen dafür verantwortlich machen, was aus einem geworden ist. Ich denke, du hast zwei Möglichkeiten. Entweder nimmst du dein Leben selbst in die Hand oder du gibst immer irgendjemanden die Schuld daran, warum es so ist, wie es ist."

„Sabrina, du sagst immer so kluge Sachen, die noch dazu meistens stimmen. Ja, das ist so, aber ich glaube, ich will das gerade nicht hören. Nein, ich bin mir ganz sicher, dass ich das jetzt nicht hören will. Du solltest mich bedauern, mir erzählen, dass meine Frau den Fehler ihres Lebens begeht. Dass sie absolut wahnsinnig ist, so etwas zu tun. Mir versichern, dass ich der beste Mann bin, den meine Frau auf dieser Welt finden kann.

Es ist wirklich sehr durchwachsen bei mir, seit meine Frau ihren Thomas kennengelernt hat. Ich erkenne sie nicht mehr wieder. Sie trickst herum und versetzt mir einen Tiefschlag nach dem anderen.

Ich fürchte, dass sie auch auf unsere Kinder nicht die geringste Rücksicht nehmen wird und das ist ein echtes Drama.

Thomas hat von seinen Eltern ein Haus in Frankreich geerbt. Und dort wollen sie jetzt mit allen Kindern hinziehen. Damit bremst sie mich bei unseren Kindern komplett aus, obwohl mir beide das Gegenteil versichert haben. Langsam mache ich mir wirklich richtige Sorgen. Ich stelle mir die Frage, was für ein Umgang dann zwischen mir und meinen Kindern überhaupt noch möglich sein wird?

Wenn es nur um uns ginge, hätte ich jetzt einen finalen Haken an die Sache gemacht und würde sie nie wieder treffen.

Es kotzt mich an, dass ich jetzt die Rolle des Bittstellers übernehmen muss. Madame weiß nach einer Woche, wer der Mann ihres Lebens ist und für mich bleibt ein Scherbenhaufen über, mit dem ich leben muss."

„Ach Lukas, es ist schlimm, dass du in so einer schwierigen Situation bist. Was du von deiner Frau erzählst, hört sich nicht gut an, speziell hinsichtlich deiner Kinder. Kannst du denn nicht an sie appellieren, primär das Wohl der Kinder im Auge zu behalten? Die haben doch nur einen Papa, nämlich dich. Es ist furchtbar, dass das so abläuft bei dir. Und trotzdem, so schlimm das alles ist, irgendwie wird es für alles eine Lösung geben."

„Stimmt, aus mit der Jammerei! Jetzt mal zu dir. Was gibt es Neues an der Männerfront?"

„Ich gebe es auf, Männer verstehen zu wollen. Sie kommen definitiv von einem anderen Planeten. Außer dir vielleicht.

Irgendwie ziehe ich diese Katastrophentypen glaube ich förmlich an. Also, privat läuft gar nichts. Vielleicht bin ich nicht kompatibel mit Männern. Oder es liegt am Anforderungskatalog, denn einiges ist schon noch übrig geblieben von meinen Wünschen und Vorstellungen. Was weiß ich. Eigentlich hätte ich gern eine schöne Beziehung, aber da ist kein Mann in Sicht, den ich mir vorstellen kann."

„Schade, liebe Sabrina, aber nicht aufgeben. Was würdest du an dieser Stelle sagen? Da gibt es noch Lernaufgaben, die bewältigt werden müssen."

„Also diesen Kommentar kann ich jetzt brauchen. Du verwendest meine Argumente und richtest sie gegen mich. Jetzt muss ich lachen und natürlich ist da schon etwas dran."

„Sabrina, das mit den Männern und Frauen ist wirklich sehr kompliziert. Und manchmal glaube ich, je älter wir Männer werden, desto opportunistischer gehen wir vor. Ich sehe es zum Teil an mir selbst. Erst gehen wir mal soweit, wie wir dürfen und danach überlegen wir uns, ob wir überhaupt etwas wollen. Und dann wird das Ganze ziemlich problematisch."

„Lieber Lukas, ich sage nur: Venus und Mars! Wie sollen Frauen sich bei so einem Verhalten denn auskennen?"

„Ich gebe ja zu, dass es mit uns nicht immer leicht ist, aber Frauen geben den Männern ja auch genug Rätseln auf.

Ich bin übrigens gerade dabei, einen Kurztrip nach Istanbul zu buchen. Ich brauche dringend einen Tapetenwechsel und muss hier mal raus. Ich glaube mich übrigens dunkel daran erinnern zu können, dass bei dir mit Istanbul auch mal etwas war."

„Lieber Lukas, erinnere mich nicht an den „orientalischen Prinzen". Dieses Märchen ist nicht gut ausgegangen. Ich versuche trotzdem positiv in die Zukunft zu schauen.

Ach ja, das Neueste weißt du ja noch gar nicht. Neuerdings mache ich Marketing Support für dein Heimatland, sozusagen Nachbarschaftshilfe. Da gibt es einen Deutschen, dem habe ich geholfen. Er hat mir dafür schöne Blumen geschickt."

„Wahnsinn, Sachen gibt es, du bist echt unglaublich."

„Ich wünsche dir eine gute Reise! Bis bald, Lukas!"

„Bis bald, Sabrina! Ich melde mich, wenn ich wieder zurück bin."

Kapitel 48

Der ganz normale Wahnsinn

Einige Monate der Partnersuche lagen hinter Sabrina. Es hatte eine Weile gedauert, bis sie sich an die Gepflogenheiten im Online-Dschungel gewöhnt hatte. Auch wenn sie bei diesen Dates Mr. Right bis jetzt nicht begegnet war, genoss sie diese spannende und unterhaltsame Zeit sowie das Kennenlernen von Männern mit den unterschiedlichsten Charakteren.

Zum einen lernte sie Männer kennen, die ernsthaft nach einer Beziehung suchten. Sie waren nett, höflich und bemüht und hatten wirklich den Wunsch, Frauen kennenzulernen.

Zum anderen gab es eine erstaunlich große Gruppe von Männern, die nur chatten wollten und an der Realität nicht das geringste Interesse hatten. Sie fragte sich manchmal, ob sie einfach ihre Zeit ein bisschen spannender gestalten wollten, indem sie mit ein paar Frauen auf einer Singlebörse flirteten, während sie vielleicht gerade in einem langweiligen Meeting im Büro saßen.

Und dann waren noch die Männer vertreten, die genau das Gegenteil der oben genannten Gruppe wollten. Einfach nur ein rasches Treffen mit einer Frau. Sie waren äußerst genügsam und hatten, wie ihren Profilen zu entnehmen war, nahezu grenzenlose Flexibilität bei Alter, Aussehen und Beziehungsstatus.

Die Fotos waren manchmal ein eigenes Thema. Sabrina hatte zwei persönliche "Favoriten", die zugegebenermaßen echte Raritäten waren. Die Variante "Riesensonnenbrille in Kombination mit Kaffeetasse vor dem Kinn" und die Variante "Gesicht hinter grüner Chirurgenmaske".

Ja, die Partnersuche im Online-Dschungel steckte manchmal voller Überraschungen, da konnte sich keiner beklagen.

Kapitel 49

Perfektionismus trifft Chaos

Sabrina hatte in den letzten Monaten sehr unterschiedliche Menschen kennengelernt und dabei eine ganze Menge über sich selbst erfahren. Sie war ein Mensch mit sehr vielen Facetten und wollte diese auch leben.

Zugegeben, da war schon auch eine gehörige Portion Perfektionismus dabei. Doch darin lagen auch Genauigkeit und Liebe zum Detail. Sie dachte an ihr schönes Zuhause, den wunderbaren Garten und die köstlichen Speisen, die sie in ihrer Küche zauberte.

Nur wenn man es übertrieb und die Latte für sich und andere ständig zu hoch hängte und dann noch eine Kontrollsucht dazukam, wurde Perfektionismus zum Problem.

Das "Adlerauge" kam ihr kurz in den Sinn. „Was tun", fragte Sabrina sich und gab sich gleich die entsprechende Antwort: „Auch Adler altern und vermutlich ist dann die Abnahme der Sehschärfe, die logische Konsequenz." Sie war sicher, dass ihre Mitmenschen diesen Umstand sehr begrüßen würden.

In ihrem Fall schienen Perfektionismus und Chaos manchmal wirklich zusammenzutreffen, denn da waren zwar die Stapel im Büro, aber sie waren dermaßen perfekt geschlichtet, dass es schon fast wieder wie ein spezielles Ablagesystem aussah.

Brigitte hatte natürlich schon ein bisschen Recht mit ihrer "Mrs. Perfect-Bezeichnung" gehabt. Doch Sabrina lebte auch ihre spontanen und chaotischen Seiten. Und sie hatte den Eindruck, dass es ihr mit zunehmendem Alter immer mehr Freude machte, diesen Facetten viel Raum in ihrem Leben zu geben.

Kapitel 50

Abschied

„Ob Lukas schon wieder aus Istanbul zurück ist?", fragte sich Sabrina, als sie den Posteingang auf ihrem PC öffnete. Es schien so, denn zumindest hatte er ihr bereits eine Nachricht geschrieben. Sie war neugierig, wie sich die Dinge bei ihm weiter entwickelt hatten.

„Hallo Sabrina, ich bin gerade nachhause gekommen. Mein erster Impuls war, dir sofort zu schreiben. Und die Waschmaschine rasch anzuwerfen, damit ich wieder etwas anzuziehen habe. Ich breche nämlich in Kürze schon wieder auf.

Der Trip nach Istanbul war eine gute Idee. Es ist wirklich eine Traumstadt. Schade, dass es mit deinem "Prinzen" dort nichts geworden ist. Nein, ich will dich nicht ärgern, bin ja schon still. Der richtige Mann wird zum richtigen Zeitpunkt bei dir auftauchen, ganz bestimmt.

Habe sehr viel über alles nachgedacht. Stimmt schon, dass ich es endlich anpacken muss, mit meinem Leben klar zu kommen. Klingt vielleicht lustig, aber gerade in dieser quirligen Stadt bin ich vollkommen zur Ruhe gekommen.

Es wird Zeit, endlich meinen eigenen Weg zu finden. Ich habe beschlossen, mal alles loszulassen. Meine Exfrau, meine Kinder, alle Freunde und Bekannten und so schwer es mir fällt, auch dich. Ich möchte für ein paar Monate nach Asien gehen, um wirklich Abstand zu gewinnen. Melde dich bitte rasch, ich wünsche mir einen letzten Chat mit dir und möchte mich verabschieden."

Sabrina fühlte einen Kloß in ihrem Hals. Obwohl sie Lukas nie persönlich getroffen hatte, war er ihr regelrecht ans Herz gewachsen. Er hatte sich als wunderbarer Gesprächspartner erwiesen. Lukas schien auch ein Mann zu sein, der offenbar vom gleichen Planeten kam, wie sie selbst. Im Gegensatz zu manchen der “Marsmänner“, die sie im Zuge der Partnersuche kennengelernt hatte. Lukas hatte sie immer verstanden, war mitfühlend und aufbauend. Sie hatten so eine tolle Kommunikation miteinander gehabt. Er würde eine Lücke hinterlassen, soviel stand fest. Und dennoch fühlte sie, dass er auf einem guten Weg war und sie wollte an seiner positiven Stimmung nichts ändern. Das war nicht der richtige Zeitpunkt, sich selbst zu bedauern. Auch wenn sie es unheimlich schade fand, ihren lieb gewordenen Sparringspartner in Liebesdingen zu verlieren. Er hatte für sein Vorhaben ehrliche Ermutigung mehr als verdient und so schrieb sie rasch zurück:„Lieber Lukas, ich habe gerade deine Zeilen gelesen. Ich bin ganz perplex, aber ich freue mich, dass du dir jetzt darüber klar werden möchtest, was du mit dem Rest deines Lebens anfangen willst. Und zu Asien, da gibt es ja bekanntlich sehr schöne Frauen. Gute Wahl!“

Und Lukas, der auch online war, antwortete prompt: „Hallo Sabrina, fein, dass du ein wenig Zeit für mich hast. Wie geht es dir? Machst du die Männerwelt immer noch unsicher?“

„Ach Lukas, irgendwie mag ich nicht mehr. Ich habe mittlerweile die Mitgliedschaften bei den Partnerbörsen gekündigt. Bin nur noch kurz auf einer Plattform, bis die Laufzeit zu Ende geht.“

„Was ist denn das jetzt, Resignation? Du gibst deine privaten Träume auf? Sabrina, das ist jetzt nicht dein Ernst. So kenne ich dich ja gar nicht. Du bist doch ein Stehaufmännchen, das aus jeder Niederlage gestärkt hervorgeht!“

„Doch, es ist mein Ernst, ich mag nicht mehr. Und du bist ja auch nicht mehr da, als Fels in der Brandung“, rutschte es Sabrina heraus, die eigentlich vorgehabt hatte, derartige Wortmeldungen zu vermeiden.

„Sabrina, du wirst mir auch fehlen!“

„Ich fand unseren Gedankenaustausch so schön!“

„Und du hast mir so gut getan, Sabrina. Deine unverblümte, direkte Art hat mir wirklich geholfen, weiterzukommen."

„Das freut mich, ich wünsche dir ganz viel Glück!"

„Sabrina, weißt du noch, was ich mal über die Liebe gesagt habe?"

„Da weiß ich jetzt nicht, was du genau meinst."

„Dass sie vor einem davon läuft, wenn man ihr zu sehr nachrennt. Das heißt aber nicht, dass du dieses Thema ganz abschreiben sollst. Willst du meine Meinung zu deiner Partnersuche hören?"

„Ja, klar, nur keine Hemmungen. Es scheint der letzte Zeitpunkt für die ungeschminkte Wahrheit zu sein."

„Ich denke, dass dir Gelassenheit und Vertrauen fehlen, dass der Richtige schon auftauchen wird und du immer noch zu viele Erwartungen hast, wie er sein soll. Gib deine einschränkenden Vorstellungen auf und lasse die Dinge auf dich zukommen. Spüre einfach, ob er und ob es passt. In der Märchensprache ausgedrückt, weder als Prinzessin noch als kleines Biest agieren, sondern der Schmusekatze endlich eine Chance geben."

„Danke für deine offenen Worte, Lukas. Vielleicht ist das so. Ich werde mich bemühen, es mir zukünftig wieder mehr in Erinnerung zu rufen."

„Tja, Sabrina, es ist jetzt Zeit, mich von dir zu verabschieden. Danke für alles! Für deine inspirierenden Worte und dass du mich so oft zum Lachen gebracht hast!"

„Ich danke dir auch, Lukas! Das war eine schöne und wichtige Zeit für mich. Danke für deine vielen, vielen Nachrichten und für die Gedanken, die du mit mir geteilt hast!"

„Wenn es dir Recht ist, schicke ich dir in ein paar Monaten eine SMS, wenn ich wieder in Deutschland bin."

„Ja, es ist mir Recht, sehr sogar. Ich freue mich darauf!"

„Alles Liebe für dich, Sabrina!"

„Für dich auch, Lukas!"

Kapitel 51

Erotische Austern

Sabrina war müde nach dem Büro und hatte keine Lust mehr, noch etwas zu unternehmen. Sie machte es sich auf ihrem Sofa gemütlich, holte sich ein Glas Rotwein und nahm ihr Tablet zur Hand. Nach einem genüsslichen Schluck vom Merlot, schmökerte sie ein bisschen auf verschiedenen Social Media Plattformen und blätterte durch die letzten Beiträge, bis ein Bild ihre Aufmerksamkeit erregte.

„Wow, was für ein umwerfender Mann! Der sieht ja aus, wie Richard Gere in jungen Jahren, aber irgendwie noch anziehender“, dachte sie und warf einen Blick auf sein Profil. Er hieß Tom, war 41 Jahre und lebte in St. Pölten.

„Vielleicht mal ganz unverbindlich Freunde werden?“ überlegte Sabrina mit einem kleinen Lächeln. Sie schickte ihm eine Nachricht und er antwortete prompt.

„Hey, nett dich kennenzulernen, bist du Single oder liiert?“

Also Schüchternheit oder mangelnde Schlagfertigkeit konnte man diesem Mann nicht vorwerfen.

Sabrina konterte lachend: „Nun, du bist ja fast nicht direkt!“

„Sorry, dass ich so direkt bin, aber wenn mir eine Frau gefällt, dann möchte ich gerne mehr über sie wissen. Ist das schlimm? Ich finde ab einem gewissen Alter darf man schon etwas direkter sein, aber wenn du ein Problem damit hast, schalte ich einen Gang zurück.“

„Ist schon okay. Wenn es mir zu schlimm wird, lasse ich es dich wissen.“

Bei dieser Direktheit gab es auch für sie keinen Grund für Zurückhaltung. Sabrina stellte ihm auch gleich eine Frage: „Wo stehst du denn gerade in deinem Leben?“

„Tja, wo stehe ich derzeit? Momentan habe ich eine Phase, in der ich unbedingt eine Frau finden will, die eine ernste Beziehung möchte. Allmählich werde ich zu alt, um von einem Bett ins andere zu hüpfen."

„Das klingt extrem ehrlich. Ich muss gestehen, dass ich dich genauso eingeschätzt hätte, trotzdem wirkst du wie ein sympathischer Typ."

„Und wie sieht es bei dir aus?"

„Suche das berühmte Gesamtpaket, bei dem alles passt."

„Verstehe. Sehr attraktiv, erfolgreich und natürlich ein IQ im Spitzenbereich."

„Nun, er soll mir natürlich schon gefallen und ein kompletter Vollidiot wird es kaum werden, denn er soll zu mir passen. Erzähle mir doch ein bisschen etwas über dich."

"Ich bin 41 Jahre, habe drei Söhne und bis seit sechs Jahren von meiner Frau geschieden. Nach mehreren Beziehungen bin ich zurzeit alleine."

„Vergeudung", war das Wort, das Sabrina an dieser Stelle in den Sinn kam. „Wieso war ein derartig hinreißender Mann bloß Single?" Diesem untragbaren Zustand wollte sie nur zu gerne Abhilfe schaffen, doch sie behielt ihre Gedanken für sich.

Tom setzte seine Schilderungen fort: „Ich arbeite im Vertrieb, mache täglich Sport, gehe gerne gut essen – am liebsten asiatisch und italienisch. Kann aber selbst auch sehr gut kochen. Ich suche eine Frau, die Sex so gerne mag, wie ich. Und sie sollte sich auch mit meinen Söhnen gut verstehen. Keine Ersatzmama, aber jemand, mit dem man gut reden kann."

„Was sind denn deine drei besten und drei schlechtesten Eigenschaften?"

„Ehrlichkeit, Familiensinn und Treue sowie vielleicht ein wenig Eigensinnigkeit, Sturheit und ich bin ein Alphatier. Ich bin sehr schwer zu Kompromissen bereit, trotzdem bin ich aber ein ausgesprochen liebenswerter Mensch. Und meine Familie ist mir ganz eindeutig das Wichtigste im Leben!"

„Das kam ja wie aus der Pistole geschossen. Viele sind mit dieser Frage völlig überfordert. Ich bin auch eigensinnig und stur und das mit den Kompromissen kommt mir merkwürdig bekannt vor. Ich bin nicht Sternzeichen-gläubig, aber es würde mich nicht wundern, wenn wir das gleiche Sternzeichen hätten."

„Stimmt, so ist es auch.

Du schaust toll aus. Ich weiß nicht warum, aber ich fand dein Bild so anziehend. Normalerweise bin ich eher einer, der zu jüngeren Frauen tendiert! Du hast so eine erotische Ausstrahlung, dass ich gar nicht weiß, was mit mir los ist."

„Ich fand dein Bild auch sehr anziehend. Hatte bis dato immer Männer, die älter waren, als ich."

„Okay, du bist jetzt aber nicht enttäuscht, oder?"

„Warum sollte ich enttäuscht sein? Weil du jünger bist?"

„Das hoffe ich nicht, dass es so ist. Ich hatte bis jetzt keine ältere Frau. Für mich wäre es auch etwas ganz Neues!"

Kurz zuckte Sabrina zusammen. Die Worte "ältere Frau" waren etwas gewöhnungsbedürftig. Sie fühlte sich nicht im Geringsten wie eine "ältere Frau."

„Es könnten deine rötlichen Haare sein, die mich so faszinieren. Bin momentan ganz aus dem Häuschen."

„Tröste dich, ich hatte dafür noch nie einen jüngeren Mann."

„Also wäre es auch für dich eine Premiere. Sind das übrigens deine echten Haare?"

Sabrina lachte herzlich und antwortete: „Nein, eine Perücke und das Gebiss ist auch schon mein drittes."

„Ich meinte eigentlich, ob es deine natürliche Haarfarbe ist. Und das du schon die Dritten hast, damit könnte ich mich anfreunden."

„Also ja, jedes einzelne Haar ist echt und an meiner Kopfhaut angewachsen. Die Farbe war früher so eine Mischung aus dunkelblond mit einem Schuss Kupfer. Aber wenn ich sie nicht tönen würde, kämen jetzt schon graue Haare durch. Zufrieden mit dem Detailgrad meiner Antwort?"

„So genau wollte ich es gar nicht wissen, aber danke für die ausführliche Antwort. Meine sind auch schon ein wenig grau."

„Tom, das mit den Zähnen war ein Scherz. Ich habe nicht mal eine einzige Wurzelbehandlung."

„Ich schon, Sabrina."

Sabrina gluckste vergnügt in sich hinein: „So viel zur Jugend und dem Alter."

Sie fragte sich, ob als nächstes die Frage nach einem künstlichen Knie-oder Hüftgelenk kommen würde. „Was waren das bloß für seltsame Themen?", dachte sie. „Ich glaube, ich bin noch ganz gut erhalten für mein "hohes Alter". Ich lebe sehr gesund und ernähre mich auch so. Esse kaum noch Fleisch, aber ich koche fast alles."

„Ich schon. Ich weiß, es ist ungesund, aber ich liebe es. Kein Fleisch, das gibt es bei mir nicht."

„Wie ist es mit Toleranz? Ich habe ja nichts dagegen, dass du es isst. Ich esse halt andere Dinge lieber."

„Ich liebe es auch, Fleisch zuzubereiten."

„Mir ist Salat, Gemüse oder Pasta lieber. Selbstgemachte Gnocchi – ein Traum."

„Mag ich auch gern, aber ich liebe auch Meeresfrüchte. Austern zum Beispiel, die sind so erotisch!"

„Austern sind erotisch? Da muss ich passen."

„Magst du sie nicht?"

„Ich finde sie einfach nur grauslich. Meeresfrüchte sind das einzige, wogegen ich allergisch bin. Aus dem Wasser esse ich nur Fisch, sonst gar nichts. Tja, dann werde ich dich mal eine Runde schlafen lassen. Gute Nacht!"

„Sabrina, ich wünsche dir eine angenehme Nachtruhe. Ich freue mich schon auf morgen, mein Rotschopf!"

„Danke, träume etwas Schönes von älteren Frauen!"

„Warum machst du dich darüber lustig, es sind ja acht Jahre."

„Du hast mich richtig zum Lachen gebracht. Besonders amüsant finde ich, dass dich die dritten Zähne nicht stören würden. Es ist ja nicht meine Schuld, dass du so spät geschlüpft bist. Und gegen Heidi und ihren wirklich jugendlichen Freund, finde ich acht Jahre absolut harmlos.

Ich verrate dir etwas. Wenn zwischen zwei Menschen der Funke fliegt, ist das Alter vollkommen egal und wenn er nicht fliegt, ist es soundso egal. So viel zur Altersweisheit.

Und Foto und persönliches Treffen sind soundso zwei vollkommen unterschiedliche Dinge. Vielleicht finden wir einander unsympathisch, dann brauchst du dir über das Alter gar keine Gedanken mehr machen. Eines würde mich interessieren, bist du ein Gefühlsmensch? Kannst du Gefühle ausleben?"

„Ja, natürlich bin ich ein Gefühlsmensch."

„Bis bald, Tom!"

„Gute Nacht!"

Am nächsten Tag setzten sie ihre spannende und amüsante Unterhaltung fort. Die Menge seiner Rechtschreibfehler war beachtlich. „Deine Rechtschreibung ist interessant", schrieb Sabrina nach einiger Zeit.

„Ich merke aber, dass auch deine sehr zu wünschen übrig lässt."

Sabrina hatte eben selbst bemerkt, dass sie sich in der Geschwindigkeit ein paar Mal vertippt hatte. Sie lachte und meinte: „Wir können sie ja gegenseitig korrigieren, wenn uns nichts Gescheiteres einfällt."

„Nein, solange ich verstehe, was du meinst, ist alles okay."

„Danke, du bist so großzügig, Tom!"

„Sabrina, willst du mich veräppeln?"

„Ja!"

„Ich bin ja nur ein Verkäufer, du musst es mir nachsehen."

„Ich überlege es mir."

„Ich habe keinen akademischen Grad."

„Ich auch nicht. Warum schreibst du mir eigentlich, wenn du mit dem Altersunterschied so ein Problem hast?"

„Habe ich ein Problem?"

„Kommt so rüber für mich."

„Mich macht deine erotische Ausstrahlung total an."

„Das klingt toll, aber da ich jetzt schon weiß, dass du Austern auch erotisch findest, relativiert sich das Kompliment ein bisschen. Ich bin also auf einer Erotikstufe mit Austern, jetzt fühle ich mich echt geschmeichelt. Mal etwas anderes."

„Das freut mich. Ich habe trotzdem das Gefühl, dass du dich auch gerne mit mir unterhältst. Oder liege ich da falsch?"

„Ja, tue ich. Ich kann bald nicht mehr lachen, bist du in natura auch ein Gedankenleser? Was denke ich denn gerade?"

„Dass ich dir sehr sympathisch bin. Und dass du auf der Suche nach einem ganz besonders sympathischen, liebenswerten und charismatischen Jüngling bist."

„Ich habe mir gerade gedacht, dass es schön ist, mit dir zu lachen und mich gefragt, wie deine Stimme klingt.

Passt alles, bis auf den Jüngling. Jüngling ist man bis maximal 30 Jahre. Ich kann bald nicht mehr, vor lauter Lachen. Wieso willst du denn ein Jüngling sein? Ich hätte gerne eine Beziehung mit einem Mann!"

„Ich bin übrigens zwei Jahre älter, als auf dem Bild."

„Was, noch älter? Dann muss ich darüber nachdenken, ob mir das nicht zu alt ist."

Tom antwortete mit einem großen Smiley: „Mehr graue Haare und leistungsschwächer im Unterleib."

„Dass du noch lachen kannst, bei diesen Zuständen."

„Ich war am Samstag auf einem Feuerwehrfest. Da hat mich eine 30-jährige Frau angesprochen und mir gesagt, dass es ihr gefällt, wenn ein Mann graues Haar hat.

„Na schau, eine 30-Jährige spricht dich noch an."

„Ja, sie hat aber ausgesehen, wie eine 50-Jährige."

„Also so alt wie ich in etwa."

„Älter, bei weitem älter."

„Puh, da habe ich echt Glück gehabt."

Ein Mann, der mich zum Lachen bringt, hat bei mir einen Stein im Brett, wenn er dann noch gerne küsst, dann überhaupt.

Küsst du gerne?“

„Magst du überhaupt noch mit so einem jungen Lümmel schreiben?“

„Jung? Mit über vierzig?“

„Na klar bin ich jung und ich liebe es zu küssen, immer und vor allem überall.“

„Klingt vielversprechend.“

„Da bin ich wie ein Teenager.“

„Ich auch.“

„Bin auch nicht abgeneigt, was spontanen Sex betrifft.“

„Wie ein verrückter Teenager. Das klingt gut.“

„Darum bleibe ich auch immer ein Jüngling.“

„Verstehe, du wirst nie älter. Ich übrigens auch nicht.“

„Sabrina, ich mache ja auch einiges, um fit zu bleiben. Ich gehe jeden Tag um 5:00 Uhr eine Stunde laufen. Außer wenn ich Besuch habe.“

„Wahnsinn, wie kann man so viel Disziplin haben? Wenn ich einen Hut auf hätte, würde ich ihn jetzt ziehen.“

„Hat nichts mit Disziplin zu tun. Ich sagte ja, wenn jemand neben mir liegen würde, ginge ich nicht laufen, aber irgendwie muss ich mich ja auspowern.“

„Das sehe ich komplett anders. Neben mir liegt auch niemand, aber deswegen habe ich nicht im Geringsten das Bedürfnis, ab 5:00 Uhr in der Früh durch die Gegend zu rennen.“

„Hast wahrscheinlich nicht mehr so viel Power.“

„Tom, ich liebe deinen Charme! Stell dir vor, dass ich dich gerade ganz zornig anfunkle. Nein, da nützen dir jetzt auch die Smileys und die Herzen nichts. Brauchst gar nicht versuchen, dich wieder einzuschleimen. Ich habe sehr viel Power. Wenn du denkst, ich hätte die altersbedingt nicht, bist du ein Träumer.“

„Ich habe doch nur Spaß gemacht. Mir wären mehr Sex und weniger Sport weitaus lieber. Guter Sex ist mir wichtig. Und wenn es jedem Spaß macht, kann es gar nicht genug sein!“

„Wenn es für beide passt, dann passt es.

Der Partner, den ich mir wünsche, hat allerdings genau eine Frau im Kopf.“

„Genau, die Frau, die er liebt!“

„Hast du heute ein bisschen an mich gedacht?“

„Sicher, nicht nur ein bisschen. Ich habe mich den ganzen Tag schon auf dich gefreut.“

„Das finde ich schön.“

„Und ich erst.“

„Tom, ich werde aus dir nicht schlau. Ich habe im Internet so verrückte Dinge erlebt. Ich weiß manchmal nicht, was ich noch ernst nehmen soll und was nicht.“

„Tja, das Internet. Ich bin noch nicht solange hier, vielleicht ein halbes Jahr.“

„Ich zirka ein Jahr.“

„Ich wollte mich auch schon wieder abmelden, weil so viele Anfragen kamen. Es war aber von Anfang an klar, dass nichts Passendes dabei war.“

„Tom, was ist denn etwas Passendes?“

„Nette Damen mit gutem Aussehen.“

„Damen! Da gibt es Konkurrenz!“

„Keine Konkurrenz. Nur eine Dame, die zwar schon etwas länger auf der Welt ist und somit mehr Erfahrung hat, aber sie hat etwas ganz Spezielles. Ganz im Ernst, nein, ich chatte nur mit dir und das heißt etwas.“

„Ich verrate dir etwas, ich möchte meine Lebenserfahrungen nicht missen und so gesehen, möchte ich nicht jünger sein. Ich mag mich und mein Leben heute viel lieber, als vor ein paar Jahren.“

„Ist auch gut so Sabrina. Bist du eigentlich so ein richtig romantisches Schätzchen?“

„Ja, bin ich."
„Kuschelst du auch gerne?"
„Ja, klar."
„Ich habe es mir sofort gedacht."
„Wieso?"
„Beim ersten Schreiben wusste ich, dass du so eine romantische Ader hast."
„Dann hoffe ich mal, du auch!"
„Klar, bin nett und liebenswert."
„Könnte sein, müsste man einen Live-Check machen. Ich bin sehr gespannt auf dich. Ob du die Ausstrahlung hast, wie am Foto."
„Da muss ich zum Fotografen, damit er mich entsprechend stylt."
„Du hast Sorgen! Das wird schon passen."
„Bist du auch etwas sportlich oder bist du ein Couch-Potato?"
„Ein bisschen, aber ich bin kein sehr sportlicher Mensch."
„Sabrina, das ist schon okay, ich will dich in nichts hineinstupsen, jeder soll das machen, was ihm Spaß macht."
„Ich gehe sehr gerne spazieren, in Städten und im Wald."
„Sicher auch Shopping, wie alle Frauen."
„Manchmal, aber es ist schon genug in meinen Schränken. Mittlerweile ist mir das nicht mehr so wichtig. Ich gehe gerne bummeln, ich liebe es, draußen zu sitzen, einen Kaffee zu trinken und zu genießen. Ich kann aber auch richtig faul sein."
„Eher der Faulenzer?"
„Du?"
„Nein, du?"
„Nein, gar nicht, aber wenn ich viel unternommen habe, kann ich es auch genießen, einen Abend zuhause zu sein."
„Sabrina, ich würde mich freuen, wenn du auch morgen etwas Zeit für mich hättest. Und vielleicht denkst du auch mal tagsüber an mich?"

„Ich denke öfter an dich. Ich habe ein komisches Gefühl."

„Ich werde sicher wieder an dich denken. Wieso ein komisches Gefühl?"

„Lieber Tom, ich kann es schwer erklären, für mich hast du so eine spezielle Ausstrahlung."

„Sabrina, mir hat dein Foto so gefallen. Jetzt ist es mir auch schon egal, wie du aussiehst, sofern du nicht 140 Kilo hast. Ich habe mir schon mein eigenes Bild von dir gemacht!"

„Was ist das für ein Bild?"

„Mein eigenes."

„Was ist das für eines?"

„Ein liebenswertes Bild von einer netten Frau."

„Danke Tom!"

„Und der Rest kann vielleicht kommen?"

„Mir gefällt deine offene, direkte Art."

„Ich habe das Gefühl, wir sind auf derselben Wellenlänge."

„Könnte sein, bei manchen Dingen."

„Bis bald!"

„Ich freue mich darauf!"

Am nächsten Tag konnte Sabrina es kaum erwarten, die Unterhaltung mit Tom fortzusetzen. Sie war kaum online, als Tom ihr schon die erste Nachricht schickte.

„Hey Süße, geht es dir gut? Ich freue mich auf einen herrlichen Tag mit meinen Söhnen und meiner Prinzessin. Das habe ich dir noch gar nicht gesagt. Ich habe eine Enkelin."

„Hallo Tom. Ein Jüngling, der Opa ist – herrlich!"

„Meine Prinzessin ist drei Jahre alt und ich liebe sie sehr!"

„Süß, das kann ich gut verstehen, obwohl es natürlich hart ist, dass der Prinzessinnenplatz in deinem Herz schon besetzt ist."

„Und die Prinzessin ist jeden Sonntag bei mir und darüber bin ich auch sehr froh. Ich suche keine Prinzessin, sondern eine Königin für mein Herz!"

„Dann ist ja alles gut. Genau die richtige Antwort.“

„Klar, zumindest hoffe ich es. Oder bist du eine Prinzessin?“

„Ja. Manchmal bin ich die Prinzessin auf der Erbse. Du lachst schon wieder über mich.“

„Nein, mache ich nicht. Ich habe mich gerade gefragt, ob es ein Alterslimit für Prinzessinnen gibt.“

„Ich habe das Gefühl, du machst dich dauernd über mich lustig.“

„Sorry, aber ich kann nicht anders.“

„Weißt du, falls wir uns sympathisch sind, werden wir einen Deal machen.“

„Echt und welchen?“

„Jedes Mal, wenn du eine Erwähnung zum Alter machst, wirst du mir einen Euro Strafe zahlen. Und das geht sich dann sicher aus, dass ich dich einmal in der Woche zum Essen einlade.“

„Du willst wohl reich werden?“

„Du wirst es verschmausen, mein Lieber.“

Tom, es ist seltsam, dass ich an dich denke, obwohl ich dich nicht einmal persönlich kenne. Okay, es scheint, jetzt fehlen dir die Worte.“

„Ja, Sabrina.“

„Magst du aufhören, zu plaudern?“

„Nein, warum?“

„Weil du so still bist, Tom.“

„Nicht still, vielleicht etwas nachdenklich.“

„Was macht dich nachdenklich?“

„Sabrina, ich muss mich ein wenig zurückhalten beim Schreiben, sonst werde ich zu euphorisch bei dir.“

„Es ist soundso nur eine Momentaufnahme. Sich zu treffen, ist eine ganz andere Geschichte.“

„Ja, genau, doch damit möchte ich noch warten, obwohl ich sehr neugierig auf dich bin!“

„Ich auch auf dich.“

„Ob wir uns anziehen und auch riechen können?"

„Das ist genau der springende Punkt."

„Oder ob du mir eine klebst, wenn ich dir einen Kuss gebe."

„Tom, ich bin nicht gewalttätig. Welcher Kuss schwebt dir denn vor? Bussi, Bussi?"

„Zum Anfang, klar."

„Das ist eine gute Gelegenheit zum Schnuppern."

„Genau, Sabrina."

„Ich brauche nur ein paar Sekunden, um zu wissen, ob ich dich wiedersehen mag. Wie lange brauchst du?"

„Das sehe ich sofort beim Blick in deine Augen."

„Okay, also zwei Schnellentschlossene, sehr gut."

„Es gibt etwas, worauf ich total stehe. Ich bin ein Busenfanatiker. Nicht lachen!"

„Mache ich nicht, warum sollte ich?"

„Du hast ein sehr erotisches Profilbild gewählt. Echt toll!"

„Freut mich, dass es dir gefällt. Warum möchtest du noch kein persönliches Treffen?"

„Vielleicht, weil ich ein sehr vorsichtiger Mann bin."

„Tom, sich auf einen Kaffee zu treffen, ist nicht wirklich gefährlich."

„Also ehrlich, der Hauptgrund sind einfach schlechte Erfahrungen mit Online-Bekanntschaften. Ich musste schon einmal meinen Anwalt einschalten, weil mir eine Dame das Leben zur Hölle gemacht hat. Verstehst du nicht, dass man da vorsichtiger wird?"

„Doch, das kann ich schon verstehen.

Andererseits, was denkst du, wie viele seltsame Männer ich schon kennengelernt habe und trotzdem versuche ich, Menschen vorurteilsfrei zu begegnen."

„Aber wenn du 200 SMS an einem Tag bekommst und auch in der Firma angerufen wirst, ist das nicht angenehm."

„Traust du mir so etwas allen Ernstes zu?"

„Nein, ich habe es auch dieser Dame nicht zugetraut."

„Ich möchte nicht, dass du mir deine ganzen schlechten Erfahrungen überstülpst."

„Das mache ich sicher nicht, keine Angst."

„Ich frage mich, ob du zu den Männern zählst, die nur schreiben, sich aber nie der Realität stellen."

„Klar stelle ich mich der Realität. Hast du Bedenken? Weißt du eigentlich, wie nachdenklich du mich machst? Es vergeht kein Tag, an dem ich nicht mindestens einmal an dich denke. Was heißt einmal, mehrmals!"

„Aber trotzdem magst du nicht mehr, als mit mir zu chatten."

„Einerseits ja, andererseits habe ich Angst, zu versagen."

„Wieso hast du Angst, zu versagen?"

„Dass ich vielleicht zu dominant oder machomäßig rüberkomme. Ich habe mich schon ein wenig in dich verknallt, obwohl ich dich persönlich noch nicht mal kenne. Und das ist mir suspekt und das kenne ich bis jetzt auch nicht."

„Weißt du, das ist das Problem von Online-Bekanntschaften und darum finde ich die persönliche Begegnung so wichtig.

„Wahrscheinlich hast du Recht. Ich muss jetzt aufhören. Bis bald!"

„Bis bald, Tom!"

Am nächsten Tag freute sich Sabrina, als sie sah, dass Tom online war. Sie überlegte kurz und schrieb dann lächelnd eine kurze Frage an ihn.

„Und Mrs. Right zwischenzeitlich gefunden?"

Und Tom antwortete unverzüglich: „Was heißt Mrs. Right? Gibt es die?"

„Ich denke schon, dass man diesen besonderen Menschen treffen kann, der die Welt auf den Kopf stellt."

„Klar kann man ihn treffen, aber alles unter einen Hut zu bringen ist mühsam und Kompromisse einzugehen ist in meinem Alter schon sehr schwierig."

„Dann wird es für dich so passen, wie es ist."

„Nein, ich muss sicher Kompromisse eingehen und das sehr bald, sonst wird es eng und der Zug fährt ab."

„Nun, ein oder zwei gute Jahre hast du schon noch."

„Du machst dich lustig über mich. Doch wer meint es ehrlich mit mir?"

„Ach Tom, das muss man rausfinden, indem man Menschen eine Chance gibt. Ich habe zwar unglaubliche Dinge mit Männern erlebt, aber ich höre doch nicht auf, sie zu treffen."

„Ja, es gibt Frauen, die trifft man einfach so. Aber es gibt auch Frauen, bei denen man vielleicht ein wenig Angst hat, sie zu treffen."

„Bin ich so eine Frau für dich?"

„Ja, ein wenig."

„Schade, sagst du mir warum?"

„Ich weiß nicht, vielleicht deine Erfahrung, dein Erfolg. Ich kann es nicht sagen. Obwohl du mich total anziehst, weiß ich nicht, wie ich mit dir umgehen soll."

„Weiß gar nicht, ob ich dich noch treffen mag. Einerseits ja, weil mich dein Bild so berührt, andererseits wünschte ich, dass ich so aussehen würde, wie Julia Roberts."

„Ich stehe nicht auf Julia, sondern Helen Mirren. Mir gefallen erfahrene Frauen."

„Die dich dann wegen der Erfahrung abschrecken. Ja, das macht Sinn. Das nennt sich Männerlogik!"

„Sabrina!"

„Ist ja wahr. Das muss ich verdauen, dass du Angst vor mir hat. War aber schön mit dir zu lachen."

„Ich habe es auch genossen Schnuckelchen. Fein, dass ich dich zum Lachen gebracht habe, auch wenn es nicht meine Absicht war.

„Tom, was war denn deine Absicht?"

„Ich wollte ein ernstes Gespräch mit dir."

„Worüber?"

„Über alles."
„Alles ist jetzt ein bisschen viel."
„Ich muss mir das nächste Mal genau überlegen, was ich sagen möchte. Du gefällst mir total."
„Übrigens, Helen Mirren ist zirka siebzig. Wahrscheinlich bin ich zu jung für dich."
„Jetzt im Ernst. Mir gefallen ältere Frauen unheimlich gut, aber ich tue mir schwer mit ihnen. Weiß nicht warum, aber es ist so. Hatte ich noch nicht."
„Kannst ja noch ein paar Jahre nachdenken."
„Okay, du machst dich wieder lustig über mich. Du wärst der absolute Wahnsinn für mich. Ach was, du bist der absolute Wahnsinn für mich."
„Macht mich nachdenklich, dass du mich trotzdem nicht treffen magst. Ich habe das Gefühl, dass du glaubst, nicht mithalten zu können. Keine Ahnung, vielleicht wegen dem Altersunterschied, der Ausbildung oder was weiß ich.

Ich könnte auch Zweifel haben. Ich habe wahrscheinlich ein paar Falten mehr als du und du hast wahrscheinlich kein einziges Gramm Fett am Körper, weil du so viel Sport machst. Aber ich denke, dass all diese Dinge in Wirklichkeit nicht wichtig sind."
„Vielleicht hast du Recht. Wollen wir uns am Freitag treffen?"

Nach dem ausweichenden Verhalten von Tom, war Sabrina äußerst erstaunt über diese plötzliche Frage. Sie freute sich sehr, dass nun auch er den Wunsch hatte, sie persönlich kennenzulernen und vereinbarte mit Tom ein Treffen in einem Lokal in der Innenstadt von Wien.

Kapitel 52

Nobody is perfect

Stimmt, niemand ist perfekt. Und natürlich galt das auch für Sabrina. Einerseits steckte schon eine Perfektionistin in ihr, doch bei näherem Studium der verschiedenen Lebensbereiche, wurde doch recht schnell klar, dass es durchaus die einen oder anderen Macken gab.

Und natürlich hatten sich auch die Vorstellungen von Mr. Right verändert. Kein perfekter Mann, im Gegenteil, Ecken und Kanten waren gefragt. Schwächen machten einen Menschen erst so richtig liebenswert.

Der gesuchte Partner musste auch nicht mehr bestimmten Erwartungshaltungen entsprechen. Das hatte Sabrina zwischenzeitlich verstanden.

Das eine oder andere erfreuliche Attribut bei einem potenziellen Partner kam Sabrina trotzdem noch in den Sinn. Dafür war auf der Wunschliste auf alle Fälle ein Plätzchen frei. „Das Wort “Anforderungskatalog“ war einfach ein hässliches Wort“, dachte Sabrina verschmitzt.

Sie dachte an das schöne Märchen, das Lukas ihr vor einigen Monaten geschickt hatte und erinnerte sich an die Schmusekatze und das Leben im Jetzt. Einfach wahrnehmen, genießen und fühlen. Es war für sie wichtig, herauszufinden, wer ihr gut tat und wer nicht.

Sie war sehr dankbar, dass sie im Zuge der Partnersuche Lukas getroffen hatte, ihren virtuellen Begleiter. Der Austausch mit ihm war unglaublich freundschaftlich und vor allem humorvoll gewesen. Er bestärkte sie auch darin, den Glauben an ihren Traumpartner nicht zu verlieren. Sie war zuversichtlich, dass sie ihn finden würde.

Sabrina hatte bei ihrer Partnersuche interessante Männer kennengelernt, spannende Diskussionen und zum Teil auch sehr tiefsinnige Gespräche geführt, die ihren Horizont erweitert und ihr Leben bereichert hatten. Es spielte keine so große Rolle mehr, dass bei all diesen Dates Mr. Right bis jetzt nicht dabei gewesen war.

Bei den meisten Begegnungen hatte sie auch reichlich Spaß gehabt und viel Neues gelernt. Sie wusste jetzt sogar, was man unter HSP verstand und dass sie, ohne dies zu wissen, selbst wahrscheinlich schon seit vielen Jahren Mitglied im "Mimöschen-Club" war.

Sabrina dachte über Tom nach. Er entsprach ganz sicher nicht ihren ursprünglichen Vorstellungen. Tom schien wenig Selbstbewusstsein zu haben und hatte bisher nicht wirklich eine große Karriere gemacht. Mut und Ehrgeiz schienen bei ihm nicht so ausgeprägt zu sein, wie bei Sabrina. Seine spezielle Rechtschreibung war mehr als gewöhnungsbedürftig für Sabrina, die viel Wert auf eine gepflegte Sprache legte. Außerdem war er um einiges jünger und kaum größer als Sabrina.

Diese Dinge waren einfach Fakten und als solche anzuerkennen. Hinsichtlich der Altersfrage beschloss Sabrina Großzügigkeit walten zu lassen. Er war nun mal kein gleichaltriger Partner. „Dafür ist er bereits Opa, damit gleicht sich alles wieder aus", dachte sie schmunzelnd.

Auch bezüglich der Körpergröße gab es wohl kaum eine andere Möglichkeit damit umzugehen, als diese einfach zu akzeptieren. Sabrina war an große Männer gewöhnt, die sie mindestens um einen halben Kopf überragten. Bei Tom und ihr waren es gerade mal vier lächerliche Zentimeter.

Sabrina musste über sich selbst lachen, denn eigentlich war diese Sache vollkommen unwichtig. „Nobody is perfect", dachte Sabrina. Und im Film "Pretty Woman" hatte sie den Eindruck gehabt, dass Vivian ihren Edward sogar überragte und trotzdem wurde aus den beiden ein Traumpaar.

Sabrina fand Tom anziehend und fühlte sich wie ein Teenager, wenn sie mit ihm kommunizierte. Es machte einfach solchen Spaß und war so unbeschwert und voller Leichtigkeit. Am meisten liebte sie es, wenn er sie neckte, zum Lachen brachte und ihre eigene Lebensfreude noch verstärkte.

Sie lächelte, als sie an die Sticker dachte, die er ihr so oft per Mail geschickt hatte. Diese goldigen französischen Bulldoggen, die für sie tanzten, lachten und ihr rote Herzen zuwarfen.

Sie mochte sein Lachen, bei dem auch die Augen mitlachten. Und ihr gefielen seine direkte Art sowie sein Familiensinn.

Und auch auf die Gefahr hin, dass es extrem kitschig und vielleicht sogar ein bisschen peinlich war, sie liebte es, wenn er sie "Schnuckelchen" nannte – noch dazu, ohne sie persönlich je zuvor getroffen zu haben.

Kapitel 53

Happy End

Sabrina war in einer ganz seltsamen Stimmung, bevor sie zum ersten Rendezvous mit Tom aufbrach. Sie suchte in ihren zahlreichen Kleiderschränken wieder einmal nach dem passenden Outfit. Sabrina probierte eine große Anzahl verschiedener Kleider, Blusen und Röcke in verschiedenen Farben und Designs, um sich dann zwei Stunden später für schlichte Jeans und ein türkisfarbenes Shirt zu entscheiden. Alles andere hatte sich seltsam angefühlt, wie wenn es für diesen Anlass einfach nicht passen würde. Zu wenig echt, zu sehr gestylt.

Jetzt, wo das persönliche Treffen unmittelbar bevorstand, verspürte sie Neugierde, Aufregung, Anspannung, Freude und eine innere Ruhe. Es war eine seltsame Kombination von ganz verschiedenen und zum Teil auch sehr gegensätzlichen Gefühlen.

Sabrina und Tom hatten einander einiges erzählt, aber hauptsächlich hatten sie einfach Spaß miteinander gehabt. Sie hatten die Kommunikation und die lustigen, spontanen Einfälle des anderen einfach unglaublich genossen. Wenn Sabrina an Tom dachte, empfand sie ein Gefühl von innerer Heiterkeit und Lebensfreude. Sie hatte automatisch ein Lächeln im Gesicht.

Sabrina fuhr in die Innenstadt und konnte es kaum erwarten, Tom zu treffen. Als sie das Lokal betrat, stand Tom schon an der Bar. Er trug blaue Jeans und ein weißes Shirt, das seine gebräunte Haut gut zur Geltung brachte und lachte sie verschmitzt an.

Da waren sie endlich in natura, diese Grübchen, die ihr schon am Foto ins Auge gesprungen waren.

„Was für ein attraktiver, sympathischer Mann“, dachte Sabrina.

Anfangs waren ihre Vorstellungen von Mr. Right ja ganz anders gewesen, doch irgendetwas fühlte sich gerade richtig gut für Sabrina an.

Wie hatte Alexander das vor einigen Wochen so schön formuliert: „Ich glaube, dass jeder Mensch einen Anteil in sich trägt, der sein ganzes Leben lang an einer inneren Tür klopft. So lange, bis er endlich Gehör findet.“

Es war höchste Zeit, die Tür für die Schmusekatze aufzumachen. Sie hatte schon so viele Jahre ungeduldig hinter der verschlossenen Tür gesessen. Sie war begierig, endlich loszugehen, zu erkunden und zu genießen. Einen schönen Platz zu finden, auf dem sie sich niederlassen konnte, um hingebungsvoll zu schnurren.

Sabrina ließ bei der Gelegenheit die langfristige Zukunftsplanung los und auch gleich den Anforderungskatalog für einen potenziellen zukünftigen Partner.

Sie dachte an Alexander und auch an Lukas. Was für kluge Männer sie kennengelernt hatte. Es schien, dass den beiden einiges zu ihrer eigenen Persönlichkeit schon viel früher klar gewesen war, als ihr selbst. Nun war zweifellos der richtige Zeitpunkt gekommen, um der Schmusekatze endlich eine Chance zu geben.

Sabrina ging mit einem geschmeidigen Schritt auf Tom zu, lachte ihn herzlich an und freute sich auf die Zeit mit ihm. Sie hatte endlich verstanden, worum es im Leben wirklich ging und wollte die schönen Momente im Hier und Jetzt ganz bewusst genießen.

Es war ihr egal, ob er der Richtige für die Ewigkeit war. Er war perfekt für diesen Augenblick und das war es, was zählte.